여행 길의 동반자: 나레이티브 상담

여행 길의 동반자 : 나레이티브 상담

초판3쇄 발행 2013년 12월 10일

    지은이 J. 뮬러
    옮긴이 김번영
    펴낸이 박영호
    펴낸곳 도서출판 솔로몬

  등록번호 제 16-24호
    등록일 1990년 7월 31일

        주소 : 서울시 동작구 사당3동 207-3 신주빌딩 1층
        TEL : 599-1482 FAX : 592-2104
        직영서점 : 596-5225

      ISBN : 89-8255-388-6 03230

여행 길의 동반자 나레이티브 상담

J. 뮬러 지음 | 김번영 옮김

솔로몬

Companions on the Journey
J. Muller

역자 서문

　적당히 나른함이 몰려오는 2006년의 늦은 봄, 백석대학에서 상담 페스티벌이 열렸다. 그때 감사하게도 본 대학의 오제은 박사가 나에게 이야기 치료에 대한 이론과 실제를 강의할 수 있느냐고 연락해 왔다. 물론 백수의 한량을 즐기고 있는 내가 마다할 이유가 없었다. 그렇게 해서 나도 한국에 나레이티브 상담을 소개하는 한 축에 들게 되었다. 그때 많은 상담사 지원자들이 이야기 치료에 대해 관심이 많다는 것을 알게 되었다. 그래서 나는 책방을 뒤지기 시작했다. 이야기 치료에 대한 책을 찾기 위해서 말이다. 그런데 내가 찾은 책은 딱 두 권뿐이었다. 그것도 어렵게…. 한 권은 이론서(고미영 저)이고, 다른 한 권은 번역서로서 호주의 나레이티브 상담가 Morgan이 쓴 사례 중심의 책이었다.
　그러나 두 권 모두 나레이티브를 잘 소개하고 있었지만 아쉽게도 내가 강의를 하면서 쓰기에는 무리인 듯싶어 번개 불에 콩 볶듯이 뮬러의 「여행 길의 동반자: 나레이티브 상담」을 번역하여 복사해서 강의에 쓰게 되었다. 1학기가 지나가고 2학기가 다가오니 또 강의할 책이 문제였다. 그런데 마침 솔로몬 출판사 사장님이 흔쾌히 책을 출판해 주신다니이 얼마나 기쁜 일인가. 더욱이 악필이요, 아직 철자도 제대로 모르는 나의 둔함을 잡아 주고 교정해 주시는 분까지 붙여 주셨으니 다시 한 번 감사를 드린다.

앞으로 출간 예정인 책 「이야기 치료의 이론과 실제: 사람이 문제가 아니라 문제가 문제다!」에서는 좀더 구체적으로 설명하겠지만 영어의 narrative를 북미식으로는 네러티브, 호주식—이야기 치료 학파의 큰 축을 담당하고 있는—이나 유럽식으로는 나레이티브라고 읽기 때문에 나는 호주식을 따라 나레이티브라고 명명했다. 독자 여러분께서는 이러한 발음에 대해 오해 없으시기를 바란다.

나레이티브 접근법은 단지 상담에서만 사용되는 것이 아니라 성서 해석학, 심리학, 사회 현상 리서치 등 여러 분야에서 적용되고 있다. 이것이 호주의 정신의학자이자 상담학자인 화이트(M. White)를 위시해서 미국의 엡슨(D. Epston), 프리드맨(J. Freedman), 코움스(C. Combs) 등과 같은 학자들에 의해 상담의 한 패러다임(paradigm)으로 자리하게 되었다.

본서 「여행 길의 동반자: 나레이티브 상담」의 저자 뮬러(J. Muller)는 역자인 나의 은사이며 남아프리카 공화국에 있는 프레토리아 대학(Pretoria Univ)의 실천신학 과장이다. 그는 실천신학자로서 해석학으로 출발했으나 점점 상담학으로 자신의 학문적 영역을 넓히게 되었다. 남아공의 문화적, 인종적, 정치 지형적 특수 상황이 그로 하여금 나레이티브 접근법에 눈을 뜨게 했으며, 좀더 구체적으로 아프리카를 섬기기 위해 뮬러는 나레이티브 접근법을 상담에 적용시키고 리서치 영역에까지 확장시켰다. 그는 아프리카 대륙에서뿐만 아니라 유럽과 북미 등지에서 양심적 학자들과 함께 고통 받는 자들을 위해 분투하는 실천적 지식인이다. 특히 가족 상담(therapy)과 ADIS/HIV에 대한 그의 남다른 열정과 헌신은 많은 학문적이고 실천적인 기여를 했다.

뮬러는 주님의 심장을 가진 신학자이자 아프리카를 사랑하는 실천가다. 그는 백인 정부 시절 인종 차별에 항거하다가 결국에는 자신이 섬기던 교단에서 출교당했다. 또한 자신과 뜻을 같이 하던 스승이 의문의 총탄에 죽는 사건을 겪어야 했다. 그럼에도 불구하고 모든 인간은 하나님의 아름다운 창조물이며 누가 누구를 지배하고 억압할 수 없다는 신앙을 가지고 지금까지 실천적 삶을 살아온 실천신학자다.

자신이 백인이라는 이유만으로 모든 것을 누려 왔던 어린 시절과 초기 목회자 시절을 그는 가장 부끄러운 자신의 이야기라고 그의 여러 책과 논문들에서 고백한다. 그러나 이 책에서도 언급되겠지만 그는 그 고백이 부끄러움을 회개하는 고백으로 끝나게 하지 않고, 자신의 부끄러운 이야기를 통해 아프리카의 더 아름답고 희망 찬 미래를 열고자 혼신을 다하는 하나님의 종이다.

역자는 아프리카에 대한 그의 열정과 헌신을 항상 존경해 왔다. 또한 그에게서는 종종 전문 상담가들이 빠지기 쉬운 모습인 상담실에서는 따스하고, 개인적 친분에서는 차갑고 사무적인 모습을 찾아볼 수 없었다. 특히 백인의 우월의식은 더더욱 찾아볼 수가 없었다. 나는 공부를 하던 중 나의 아내와 실제로 그의 상담 섹션을 이수하기도 했다. 그 때마다 우리 부부의 가슴에 와닿는 그의 마음의 훈기는 우리를 덥히기에 충분하고도 남았다.

내가 이 책을 먼저 출판하고 싶어했던 이유도 여기에 있다. 한국에 나레이티브 상담(이야기 치유)의 이론과 실제를 총체적으로 소개한 책은 아직 없는 듯하다. 그래서 이야기 치유에 대한 길라잡이와 같은 책을 써서 한국 상담계에 소개하고 싶기도 했지만, 나에게 이론적인 것뿐만아니라 실천적인 일상의 삶과 나의 개인사까지 챙겨 준 스승의 책을 먼저 출판하는 것이 도리라고 여겼기 때문에 이 책을 먼저 여러분에게 소개한다.

이 책은 뮬러의 여러 저작 중 목회 상담에 관해 석·박사 과정의 학생들에게 강의한 내용을 묶은 것이다. 그러므로 상당히 많이 목회적 소양이 묻어 있다. 이 책을 통해 여러분은 '이야기'란 무엇이고 어떻게 우리의 삶 속에 자리하는가를 알게 될 것이다. 그러나 아쉽게도 상담 방법에 관해서는 다소 부족하게 설명되어 있다. 그 이유는 앞에서도 말했지만, 이 책은 석·박사 과정, 즉 리서치 과정에 있는 학생들을 위한 것이지 상담사 과정에 있는 학생들을 위한 것이 아니기 때문이다. 바라건대 여러분의 이야기가 뮬러의 이야기와 합해지면서 또 다른 아름다운 미래의 이야기를 가꿔 나가기를 소망한다.

목차

	역자서 문	5
제1장	이야기들 : 인생 여행	11
제2장	상담가 : 지혜로운 새	31
제3장	열린 미래 : 꿀	47
제4장	해결점 : 더 나은 미래를 향해	73
제5장	장애물 : 노파	87
제6장	거짓된 희망 : 세 마리의 건강한 개들	99
제7장	뜻밖의 사건 : 절름발이 개	111
제8장	대화 : 여행 길의 동무들	123

제1장 이야기들

인생 여행

밴다(Vanda) 부족의 우화(여행)

옛날에 한 어린 소년이 어느 날 사랑하는 개 네 마리를 데리고 꿀을 따기 위해 집을 떠났습니다. 그리고 한 마리의 작고 아름다운 새가 이 소년의 길잡이가 되어 주었습니다. 염소들이 우글거리는 한 작은 우리에 소년이 막 도착하여 걸음을 멈추는 순간 새가 소리쳤습니다. "멈추지 마세요, 조금만 더 가 보면 더 좋은 것들이 있어요." 소년은 그 말을 믿고 좀더 앞으로 가 보았습니다. 새의 말은 사실이었습니다. 거기에는 몇 마리의 양들이 있었던 것이지요. 그러나 새는 또다시 소리쳤습니다. "멈추면 안 돼요. 이것들보다 더 좋은 것들이 조금 더 앞에 가면 있어요. 계속 가 보세요." 그래서 그 소년이 양들을 지나 더 앞으로 가 보니 거기에는 살진 소들이 외양간에 있었습니다. 그럼에도 불구하고 새는 좀더 가라고 소년을 다그쳤습니다. "앞에 더 좋은 것이 있으니 더 앞으로 가 보세요." 마침내 소년이 한 칸을 더 지나 보니 거기에 여러 오두막이 있었습니다. 그 중에 한 오두막 문을 열고 들어가 보니 아니, 이게 웬일입니까? 이가 네 개밖에 없는 노파가 갑자기 나타나서 소년을 죽이려고 하는 것이었습니다. 소년은 얼른 달려서 가까이에 있는 나무 위로 올라갔습니다. 그러나 노파는 몇 개 되지 않는 이로 나무의 기둥을 갉기 시작했습니다. 그때 소년의 건강한 세 마리의 개

가 번개같이 노파를 덮쳤습니다. 그러나 역부족이었습니다. 노파는 세 마리 모두를 찢어 죽였습니다. 그런데 이변이 일어났습니다. 노파가 세 마리 모두를 찢어 죽이는 동안 소년의 네 마리 개 중에 가장 연약한 절름발이 개 한 마리가 노파의 목을 물고 노파가 죽을 때까지 놓지 않는 것이었습니다. 결국 노파는 가장 약한 소년의 개에 의해 죽게 되었습니다. 마침내 소년은 나무에서 내려와 우리 속에 있던 모든 것을 가지고 집으로 돌아오게 되었습니다.

인생은 여행 길

인생은 여행과 같다. 위의 밴다 부족의 이야기처럼 우리가 살아 숨쉬고 있다는 것은, 우리는 어디에선가부터 여행을 시작했고 지금 우리는 어디론가 여행 중에 있다는 것이다. 필자는 일반 상담이나 목회 상담에서 이야기 접근 방식(storied approach)을 선호한다. 왜냐하면 이야기 접근 방식은 우리의 인생 속에서 꾸려진 이야기에 대해 진지하게 그리고 어떻게 이야기들을 활용할 것인지를 고민하기 때문이다. 필자는 확신하기를, 이야기 접근 방식이야말로 사람을 이해하고 사람의 경험을 깊이 있게 다루는 데 있어서 중요한 키를 제공하는 확실한 방법이라고 생각한다. 인생은 여행 길에 서 있는 것과 같다. 이 여행 길에서 사람들은 때론 지근거리에서, 때론 보이지 않는 거리에서 의식적이든 무의식적이든 서로가 서로에게 영향을 주고받으며 함께 이 길을 만들어 간다. 우리는 어디에선가부터 왔고 어디론가 함께 가고 있는 중이 아니겠는가?

우리의 현재 이야기(present stories) 속에는 과거에 무엇인가가 있었음을 내포하고 있고, 또 무엇인가 기대하는 미래도 이미 잉태되어 있다.

이 현재의 이야기를 통해서 우리는 과거와 미래의 가교를 만들어 간다. 과거와 미래가 현재 속에 있는 것이며, 병존하고 있다고 나는 생각한다. 이러한 나의 생각은 니버의 영향을 많이 받았다. 니버는 "과거와 미래는 현존하지 않는 실체다"라는 논리를 거부한다. 그러면서도 또한 그 둘은 '아직 아님'(not-yet)이란 시간적 개념을 가지고 있다. 그 둘의 실체는 현재라는 시간이 확장된 실체다. 과거와 미래는 현재 안에서만 존재하는 것이고, '과거'라는 지나가 버린, 즉 현재 존재 하지 않는 어떤 시간의 실체 혹은 '미래'라는 실재하지 않는 어떤 시간의 개념이 아니라는 것이다.

우리가 우리의 꿈 이야기 혹은 미래의 이야기를 사람들에게 들려줄 때, 바로 그 순간에 우리가 꿈꾸는 미래는 이미 현재에 현존하는 것이다 (already-present). 과거라는 것도 이야기되는 그 순간 현재 안에서 계속 현재화(still-present)하는 것이다. 그러기에 지금 이 순간(now)은 과거와 미래에 의해 성격이 지어진다. 또한 과거 이야기 즉 기억된 것 (remembered stories)과 미래 이야기 즉 기대되는(expected stores) 이야기들이 지금 이 순간을 규정지어 주고 현재의 삶을 견인해 나가는 동력이다.

이야기와 정체성

우리의 과거를 서로 나누고 이야기한다는 것은 결국 서로의 미래를 가꾸고자 하는 아주 중요한 시금석이라 할 수 있다. 이야기를 통해 우리는 우리의 삶을 뜨개질하듯 짜 나간다. 우리의 삶 속에 의미를 찾고자 하는 시도들과 미래로 나아가고자 하는 갈망들이 이미 우리의 기억 속에 존재하는 이야기들(과거)에 의해 도움을 받는다. 다시 말해서 우리가 우리 삶의 의미를 찾고자 할 때 그리고 미래의 우리를 그려 보려 할 때 우리가 살아왔던 이야기를 통해 그 의미와 방법을 찾을 수 있는 것이지 어떤 과학적이고 체계적인 전문가의 이론이나 학습으로 인해 규정될 수 있는 것이 아니다. 왜냐하면 유일무이한 한 사람의 그 순간 그 시간과 공간 속에서 경험한 것이 그리 쉽게 규정될 수 있는 성질의 것은 아니기 때문이다. 바로 그 과거를 경험한 그 사람의 이야기 속에서만 그 사람의 삶의 확실한 의미가 발견 가능한 것이다. 이야기는 단지 우리의 삶을 그려내는 방법이나 도구 이상인 것이다. 그러므로 한 사람의 구체적인 삶의 이야기를 그리 간단하게 보아 넘겨서는 안 된다. 사람들의 이야기는 그 이야기 주인공의 삶의 형태(form)를 구성해 주는 역할을 한다. 이렇게 구성된 삶의 형태를 통해 우리는 우리의 삶을 조직해 나가고 미래로 건널 수 있는 징검다리에 한 발 한 발 내디딜 수 있는 것이다.

  이야기를 좀더 발전시키기 위해 나의 이야기를 나누고자 한다. 나의 어머니가 돌아가셨을 때 우리 형제들은 사랑하는 어머니의 주검 앞에서 이야기를 나누기 시작했다. 이야기 초반에는 대부분은 우리 자신을 위한 이야기에만 초점이 맞추어졌다. 그러나 이야기가 흘러가면서 다른 사람들의 이야기도 하게 되었다. 우리는 어머니가 돌아가시기 직전 얼마나 고통스러워하셨고, 그분의 죽음 앞에 고통스러움을 지켜보고 있는 것 자체가 얼마나 힘들었는지도 이야기하며 어머니에 대한 고마움을 서로 표현하기도 했다. 어머니는 돌아가시기 바로 직전 하나님께서 당신께 베푸셨던 아주 작은 것 하나하나에 대해 감사하셨다. 그것이 바로 그분의 존엄성이었다. 우리 형제들은 어머니에 대한 이야기를 하면서 어머니가 생전에 어떤 분이셨는지 그리고 어떻게 사셨는지에 대해서만 말을 나눈 것이 아니고 어떻게 죽음을 맞이하셨는지에 대해서도 증인이 되었다. 이야기를 하는 과정에서 우리는 우리의 삶을 다시 재구성하고 있음을 볼 수 있었다. 우리의 이야기 주제는 인간의 존엄성에 관한 것으로까지 옮겨 가기 시작했다. 주제는 이것이었다. 어떤 개인에게 어떤 문제가 발생했을지라도, 그 문제의 경중에 관계없이 그 사람의 존엄성은 지켜져야 한다는 이야기로 전이되고 있었다. 우리 형제들은 자연스럽게 우리가 앞으로 죽음에 이를 때의 모습을 상상하며 어머님에 관한 이야기를 했다. 이런 상상된 이야기가 우리의 마지막 순간에 우리가 어떻게 대처할 것인지에 대한 근거(source)를 주고 방법론을 제시하는 역할도 했다.

사람들은 단지 흥미나 재미만을 위해서 이야기하는 것이 아니라, 이야기를 통하여 그 인생의 결실들이 드러남을 나레이티브 접근법(Narrative approach)은 발견했다. 이야기가 바로 우리의 생각과 행동과 행동 양식을 결정하는 역할을 하게 된다. 화자(storyteller)가 이미 이야기한 그 이야기 속에는(story told) 그가 생각하고 행동하고 결정하는 과정에서 고심했던 흔적들이 드러난다. 이러한 인간이 생각하고, 행동하고, 결정하는 과정을 흔히 철학에서는 '인식론적 과정'이라고 한다. 이와 마찬가지로 나레이티브 접근법 역시 인식론적 치유 혹은 상담이라 할 수 있다. 이야기를 통해 인간은 자신들의 정체성을 찾기만 하는 것이 아니라 자신들의 정체성을 구성하고 세워 나가는 과정을 밟게 된다. 각각의 이야기는 지금 현재 겪고 있는 상황과 과거에 겪었던 혹은 미래에 다가올 상황 사이의 긴장을 내포하고 있다. 이와 같은 이유로 해서 나레이티브 접근법에서는 사람들이 단지 이야기를 즐기거나 재미와 흥미로 이야기를 말한다(telling)는 생각에 동의할 수 없다. 나레이티브 접근법에서는 이야기를 '인간의 존재' 됨의 기초석이 된다는 것을 밝히게 되었다. 나레이티브 방법론에 관해서 많은 글을 쓴 사빈(Sarbin)[1]은 말하기를, 이야기는 메타포 즉 은유의 뿌리(root metaphor)라고 표현한다. 다시 말해서, 은유는 해석을 필요로 하듯 이야기도 해석의 과정을 거쳐야 한다는 것이다. 그리고 이야기는 삶을 해석하고 인간을 이해하는 단초를 제공하는 것이다.

우리는 경험된 것 그 자체(pure and raw experience)와 해석된 경험(interpreted experience)을 분명하게 구분해야 한다. 한 개인의 경험만을 가지고는 뭔가 많은 것을 할 수가 없다. 경험이 이야기 형태로 발전될 때에만 유용한 것이 되기 때문에 우리는 경험들을 이야기화(making story)해야 한다. 경험된 모든 것, 즉 자극, 흥분, 감각된 것들은 이야기로 재구성되는 과정을 거쳐야 한다. 과거의 경험들을 취해서 이야기로 구성해 가는 과정 속에서 우리는 발전을 경험하며, 우리의 인생은 여행의 길에 들어서게 되는 것이다. 이야기 형태로 구성된 것은 다시 우리가 알 수 없고 인식하지 못하는 영역의 지도 역할을 하며, 이 지도가 앞으로 나아가는 방향타가 된다.

필자가 이 글을 쓰는 동안 헨레티와 카를[2] 부부가 상담을 원했다. 아름답고 젊은 헨레티 부인은 남편에게 배신감을 느꼈다. 남편은 다른 여성과 잠자리를 함께 했는데 기가 막히게도 자기와 가장 친한 친구와 함께 한 것이다. 이 일로 인해 헨레티는 참으로 모욕적이고 쓰디쓴 경험을

---

1) Sarbin, T.R. 1986. "The Narrative as Root Metaphor for Psychology", in Sabin, T.R. (ed.) Narrative Psychology: The Storied Nature of Human Conduct. New York: Praeger Publishers.
2) 책에 나오는 많은 이야기들은 실제로 치유와 상담 과정에서 있었던 이야기들을 정리한 것이다. 그분들의 이름들과 상세한 이야기들은 그분들의 사생활 비밀 보장을 위해 조금 변형했다.

하지 않을 수 없었다. 나레이티브 치유 상담의 관점에서 보면 헨레티가 경험한 그 경험 자체가 '모욕적', '쓰디쓴'이란 것을 생산한 것이 아니라, 그녀가 경험한 그 경험이 한 이야기 형태로 구성되는 과정 속에서 '모욕적', '쓰디쓴'이란 '의미'로 초점이 맞추어진 것이다. 즉 해석된 것이다. 그녀의 기억들에 의해 단편적인 정보들이 환기되어 한 이야기 형태로 구성된 것이다.

불신과 불이해로 구성된 이야기가 이 여인의 결혼 생활에 대한 생각과 행동 그리고 결정을 하는 데 근본적 틀을 제공하고, 또 앞으로도 헨렌티에게 영향을 줄 것이다. 헨레티의 실례가 보여주듯 우리는 어떻게 끊임없이 자신들의 경험들을 이야기 형태로 가꾸어 가는지를 알 수 있다. 그러므로 나레이티브 방법론에서는 '사실 그 자체'를 찾는 것이 선제적이고 가장 중요한 과업이 아니라, 지금 나와 이야기하는 그 대화 파트너와 이야기한 '그 이야기'의 사실을 직시하는 것이 강조된다. 예를 들자면, 헨레티 부인의 이야기 그 자체(경험)—남편이 자신의 가장 친한 친구와 바람을 피웠다는 사실 그 자체—가 그 경험을 이야기로 말하는 것(이야기된 사실)보다 중요하지는 않다. 즉 이야기가 이야기 자체로 가치 있는 것이 아니라 경험이나 이 경험의 이야기가 말로 전달될 때 가치가 부여된다. 그 여인의 경험이 이야기로 전달될 때, 그 경험은 어떤 한 시간과 장소 그리고 과거에 머무르는 것이 아니라 새로운 경험을 할 수 있는 단초를 제공하게 된다. 그러기에 나레이티브 상담가나 목회 상담가는 상담을 할 때 흔히 말하는 '객관적 사실'보다는 이 새로운 경험, 즉 이야기되는 사실(주관적 사실)에 초점을 맞추는 것이다. 그러므로 나레이티브 상담에서는 반드시 모든 사실을 들추어내는 것이 과제요 중요한 과정이 아니다. 헨레티가 '지금 이 순간'(Here and Now) 이야기한 그 경험이 듣는 이나 상담가에게 진지하게 받아들여져야 하고, 상담의 최우선 과제로 채택되어야 한다.

우리의 일상 활동을 우리 자신과 연결할 수 있는 유일한 방법 또한 이야기를 이용할 때만 가능하다. 헨레티는 자신의 이야기를 구성함으로써 자기의 남편과 자신의 과거 몇 년 간의 일상 활동을 연결할 수 있는 능력이 생기게 된다. 부부관계에 관한 남편의 차가움, 늦은 귀가 등이 이야기를 구성하면서 하나하나 연결되고 새로운 아픈 이야기로 구성된다. 모든 이야기들은 항상 다이내믹하며 또한 발전하게 되어 있다. 그러므로 헨레티의 이야기 역시 한발 한발 발전의 과정을 거치게 된다. 우리가 우리의 경험을 이야기로 조직하는 또 다른 이유는 이야기가 그 자체만의 시간적 체계를 가지고 있기 때문이다. 이야기의 시간 체계는 우리로 하여금 경험된 것들, 사건들, 시간들을 서로 연결할 수 있도록 해준다. 이렇게 연결하는 과정 속에서 이야기의 줄거리가 발전하게 된다. 사건들, 즉 구체적인 시간과 공간에서 일어난 사건들은 줄거리로 채워지면서 새로운 흥미진진한 방향으로 발전하게 되는 것이다.

경험들이 이야기화될 때, 경험들은 의미(meaning)를 부여 받게 된다. 이때 경험들이 의미 있게 되는 것이지 경험 그 자체가 의미를 내포하고 있는 것이 아니다. 의미가 부여된 경험들은 미래가 없는 파괴적인 이야기로 발전되든지, 아니면 미래의 희망을 내포한 용기를 북돋우는 이야기로 발전되든지 한다.

그렇기 때문에 인간의 모든 위기 상황은 막다른 골목에 처한 이야기로 묘사될 수도 있다. 이런 이야기는 미래와 연결하는 것을 거부하게 된다. 어떤 사람이 미래에 대한 희망을 제공하지 못하는 이야기를 가지고 있을 때, 그의 삶에는 위기가 닥치기 시작한다. 이 책의 처음에 소개된 꿀(희망)을 따라 나선 소년의 이야기가 우리에게 그것을 잘 말해 준다. 그러기에 종달새의 "앞에 더 좋은 것이 있다"는 말이 소년에게 설득력이 있었던 것이다. 소년의 위기는 바로 자신이 발견한 가축 우리였다. 그러나 그 위기는 소년의 희망(꿀)과는 연계될 수 없는 것이었다. 가축 우리(소년의 위기)는 소년에게 만족할 만한 미래의 이야기도 아니며 자신의 꿀 이야기도 아니었다. 그 위기의 순간에 소년은 분별력 있는 종달새의 조언과 상담이 필요했다.

폴 사르테(J. P. Sarte)는 말하기를, 이야기들은 우리에게 경험들을 통하여 주목해야 할 것과 삶의 형태를 형성케 해 주는 수단들을 제공한다고 했다. 인간은 항상 이야기꾼으로 살아간다. 그리고 자신들의 이야기와 다른 사람들의 이야기에 쌓여 살며 자신들에게 발생한 일들을 이야기를 통해 알게 되고, 그들은 마치 자신들이 이야기했던 것처럼 자신들의 삶을 살려고 시도한다.[3]

다시 말하자면, 나레이티브 접근 방법의 기본 토대를 이루는 출발점은 과거, 현재, 미래의 통합과 조화를 이루고 있는 곳이며, 동시에 세 시제가 가지고 있는 서로간의 긴장관계에서 출발한다. 우리는 우리의 이야기를 하면서 과거, 현재, 미래의 통합과 긴장을 표현하려고 노력한다. 나레이티브 치유 상담 혹은 나레이티브 대화는 사람들이 끊임없이 이야기하는 바로 그 이야기를 광산의 금맥을 캐듯 하는 것이며, 그로 인해 이야기―새로운 의미와 추진력을 사람에게 부여하는 이야기―속으로 그 사람들을 끌어들이는 것이라 할 수 있다.

인간의 존재성은 과거, 미래, 현재의 통합성을 내포하고 있음에도 불

---

3) As quoted by Lester, A. D. 1995. *Hope in Pastoral Care and Counseling*. Kentucky: Westminster. 27.

구하고 안타깝게도 과거의 행동 발달 심리학이나 사회 과학에서는 그런 점이 무시되어 온 것도 사실이다. 우리에게 가장 잘 알려진 정신 분석 모델들(Psycho-analytical models) 역시 인간의 개성을 탐구하는 데 이론의 기초를 두고 있다. 이러한 방법론들은 인간의 행동을 먼 과거로부터 축적되고 은폐되었으며 억압된 성적 욕구와 공격적 본능의 결과로 설명하려고 시도했다. 이 방법론의 출발점을 한마디로 말하면 "과거에 뭔가가 있을 것이다" 라는 전제에서 출발한다. 그 과거는 치유가 필요한 것이고, 그 치유가 이루어질 때 그 개인은 최적한 기능을 발휘할 수 있다는 가정을 하고 있다. 한편, 가족 상담(Family Therapy)과 같은 다른 이론들은 위와 같은 방법론과는 다르게 좀더 '지금 이 순간' 그리고 가족의 '기능' 적 측면 즉 구조에 역점을 두고 있지만, 역시 이들 또한 '미래' 라는 개념이 빠져 있고 과거, 현재, 미래의 통전이 이루어지고 있지 않다.

미래라는 의미와 인생 이야기의 통합과 조화가 만들어 낸 그 어떤 '의미' (meaning)는 통괄적인 인생 여정을 내포하며, 그 의미는 어떤 발견인데, 이 발견이 인간 자체와 인간 삶의 이해를 한층 높일 수 있는 훌륭한 가능성들을 제공하게 된다. 월터 브루거만(W Brueggeman)은 기독인의 삶을 "과거를 말하고 미래를 꿈꾸는 것"[4]이라고 묘사한다. 이 말은 인간 존재의 총체적 존재성을 묘사하는 데 아주 적당한 것 같다. 우리의 이야기는 이야기를 말하고 꿈꾸는 요소들로 가득 차 있다. 이야기하기(telling)와 꿈꾸기(dreaming)의 갭이 커지면 커질수록, 긴장은 더욱 상승될 것이며 병리적 행동의 가능성은 더욱 높아질 것이다. 그러나

---

4) Brueggemann, W. 1993. *Biblical Perspective on Evangelism*. Nashville: Abingdon, 120.

다른 한편, 어제와 오늘 그리고 내일이 조화를 이루는 곳에서는 완전하고 통전적이며 성숙한 삶이 보장될 것이다.

나레이티브 접근 방법은 시간이 지나면서 인간 존재의 통일과 조화를 재발견하는 일에 도움이 될 것이다. 치유 상담이 '미래'라는 것의 역할을 발견한 것은 실로 귀중한 일이다. 왜냐하면 미래는 인생에서 대단한 영향력을 행사하는 특별한 것이기 때문이다. 미래에 대한 발견이란 말은 지금 이 순간을 살아가는 사람의 아무런 노력 없이 그저 어떤 '때'에 '어디에선가' '무엇'이 발생한다는 의미가 아니다. 우리의 희망, 두려움, 염려, 계획들 속에서 미래는 이미 우리 주위에 와 있고 지금을 사는 우리의 한 부분으로 존재하는 것이다.

언어와 이야기

우리는 우리의 경험에 의미를 부여하기 위해 언어를 사용한다. 활용 가능한 단어와 문법들을 통해 우리는 우리의 경험들을 해석해 나간다. 해석하는 것이란 어떤 것들(사건들, 상황들 등)에서 연결 고리들을 추출해 낼 때 이루어지는 것이며, 이 때부터 이야기는 이야기다워지는 것이다. 우리가 이 작업을 하자마자, 즉 경험된 것들을 해석하고 시간에 그 해석된 것들을 연계할 때, 우리는 한 이야기를 창조하는 것이다. 우리가 경험된 것에 단어들과 문법 그리고 개념들을 사용하여 의미를 부여하기 전까지는, 경험된 것 그 자체만으로는 한갓 어떤 일들이 벌어진 상황 그 자체일 뿐이며 무의미한 것이다. 언어들은 우리에게 과거의 사건들을 가치 있는 경험들로 새롭게 구성할 수 있도록 돕는 역할을 한다.

그러기에 언어의 한계는 이야기의 한계점을 드러내게 되고, 해석 역시 규제되며 이용 가치가 떨어진다.

　예를 하나 들어 보겠다. 필자의 정원사 피트는 츠와나(Tswanan) 부족 출신의 문맹인이다. 그 친구가 언젠가 나에게 자기 부족의 종교적 현상에 대해 이야기를 해 주었다. 그는 그 종교 현상에 작은 태풍(Mini-tornado)이라는 이름을 붙였다. 그가 과학에서나 사용되는 태풍이라는 단어를 사용하는 것을 보고 나는 놀라지 않을 수 없었다. 그는 초보적인 과학 용어를 사용하면서 자신의 이야기를 계속 전개해 나갔다. 그런데 그가 말하는 토네이도는 어떤 뱀을 지칭하는 것이었으며, 그 뱀은 사람들이 어린아이들을 죽이는 것을 보고 화가 나서 사람들에게 치명상을 입히기로 작정했다고 한다. 피트가 이야기에서 사용한 단어 '미니 토네이도' 란 개념은 의미가 없는 단지 소리(a noise)에 불과한 것이다. 그러나 다른 단어들인 뱀, 어린이들, 화와 같은 것들은 자기가 경험한 것들에 의미를 부여하는 언어들인 것이다. 뱀이란 단어는 누군가를 응징하기에 충분한 힘의 소유자로, 어린이는 약하고 보호 받아야 할 대상으로 그리고 화는 어떤 행위 때문에 발생한 현상으로 이해하고 있는 것이다. 분명히 피트는 어디에선가 미니 토네이도란 단어를 주워들었을 것이다. 그러나 그 단어는 이 친구의 경험들에 대해 의미를 부여하는 데는 아무런 가치가 없다. 피트는 자기가 배운 단어들에 의해 자신의 사고나 해석이 규정될 수밖에 없고, 그 단어들은 바로 자기가 성장하면서 배운 사건에 대한 해석 방법일 뿐이다. 그가 자란 문화에서는 뱀이란 의미는 쉽게 화를 내고 사람을 손상시키는 놈으로 인식되고 있다. 피트는 자신에게 주어진 언어 그 이상으로 어떤 다른 해석을 하기가 어렵다. 그가 자신의 경험을 나누기 위해 한 이야기는 종국에는 자신에게 고통을 안겨 주는 원인이 되기도 했다. 만약 그의 집이 정말로 태풍에 의해 강타되었다면, 그는 뱀이라는 개념 대신에 다른 어떤 것이나 혹은 남을 비방하게 되었을 것이다.[5] 단어들을 배우는 것만으로는 충족될 수가 없다. 언어가 새로운 해석을 하는 데 유용될 때만 언어는 충분 조건이 된다. 언어에 의해 새로운 연결점들이 구성될 때만 새롭고 자유로운 이야기가 앞으로 전개될 수 있다.

언어라는 도구는 경험들에 의미를 부여하도록 조직되어 있다. 치유상담의 컨텍스트에서도 언어를 통해 내담자의 경험들이 새롭게 재구성되는 일들이 이루어진다.

삶 속에서 어떤 일들이 벌어졌을 때, 아주 사소한 일이든 중요한 사건이든—예를 들어 장난감에 부딪힌 사건이나 결혼이나 지병이 심해지는 것과 같은 사건— 관계없이 언어는 그 경험들 속에 얽혀 있는 사건들을 유기적으로 연결하고, 사건들을 해석하는 역할을 하며, 그 과정을 거쳐 경험과 사건들은 한 이야기로 창조되는 것이다. 이 과정 속에서 이야기가 이야기다워지고 의미가 발전되어 간다. 이 과정 속에서 부여된 의미들이 새로운 행동 양식과 활동의 동기를 제공한다. 이 동기 부여는 또다시 새로운 이야기를 창조하고, 이렇게 새롭게 창조된 이야기는 또 다른 새로운 의미들을 만들어 가는 과정을 거치게 된다.

최근 남아공 내에서 참으로 비극적이고 무시무시한 한 사건이 있었다. 1992년 6월 17일 팔 트라이앵글(Vaal Triangle) 지역의 보이파통(Boipatong)에서 45명의 사람들이 아주 잔인하게 죽임을 당했다. 거기에는 어린이 10명과 부녀자 21명도 포함되어 있었다. 이백 명이 넘는 중

---

5) 참고: Boisen, Gerkin, C. V. 1984. *The Living Human Document*. Nashville: Abingdon, 53.

무장한 줄루족(Zulus)이 가난하고 불쌍한 보이파통 사람들을 밤에 무자비하고 무차별적으로 공격하여 사람들을 불구가 되게 만들고 죽이는 사건이 벌어졌다. 그 후 1998년에 16명의 인크하타 프리덤 당(Inkhata Freedom party)이 진실과 화해(Truth and Reconciliation Commission)라는 사회 단체에 특사를 요청했다. 이 운동은 정치적인 것으로서 살인자들에게 죄의 심각성을 느끼게 하려는 것이었고, 집권당인 ANC를 대항하기 위한 것이었다. 희생자들의 법적 대표들은 왜 정치적으로 아무 활동력이 없는 여자들과 아이들까지 죽여야만 했는지에 대한 설명을 요구했고, 대변자 버거는 왜 세 살 난 미타의 머리가 잘려야 했으며, 왜 9개월 된 아롱의 머리가 짓이겨져야 했는지를 물었다. 이 물음에 빅터 무쌤부는 이렇게 답을 달았다. "뱀 하나가 다른 뱀 하나를 태어나게 한다."

　무쌤부는 자신의 경험을 은유적인 방법으로 의미를 부여했다. 즉 적(집권당 ANC)은 뱀이며, 그 뱀은 위험하기 짝이 없는 것이다. 또한 그 의미는 만약 당신이 그 뱀에게 전쟁을 선포하고 공격한다면 모두가 죽을 수밖에 없으리라는 것이다. 어미 뱀이나 새끼 뱀이나 동등하게 위험한 것은 마찬가지라는 것이다. 여기에 사용된 언어의 목적은 비인간적인 잔인성을 전달하기 위함에 있다. 필자의 눈에는 위의 경우가 그 살인 사건 이후에 정당성을 확보하기 위한 방법이라고 믿지 않는다. 이것은 모든 가능성 중 하나의 정직한 설명에 불과한 것이고, 이 설명은 그 살인마들에게 의미를 부여한 사회적 · 문화적 담론에 의해 배태된 것이다.

　이것은 또한 다른 관점에서 보면 새로운 언어를 도구로 해서 새로운 의미를 창출할 수도 있다는 가능성을 내포하고 있다. 이와 같이 의미와 변역의 힘이 있는 언어와 이야기를 통해 실천되는 것을 나레이티브 치유 상담이라고 한다. 어느 때건 대화 속에서 공유된 구축된 언어(a shared language-construct)가 기능을 발휘하게 되면, 경험에 대한 재해석이 이루어지는 동안 그 과정 속에서 새로운 의미가 내포된 새로운 언어가 발생할 수도 있고 그 언어는 어떤 한 사건과 연결점을 가질 수도 있다. 대화 속에서 공유된 구축된 언어는 자연스럽게 공유된 문화와 세계관을 내포하고 있다. 필자가 쯔와나 출신의 우리 집 정원사와 토네이도(실제는 뱀)에 대한 그의 세계관을 공유한 것은 아니지만, 나는 우리의 대화 속에서 정원사가 자기 자신만의 세계로 나를 끌고 감을 허락할 수 있었고, 또한 그 대화 속에서 우리는 '대화 속'에서 구축된 언어를 통해 의미를 서로 공유할 수 있었다. 우리 집 정원사는 필자의 언어인 아프리칸스(Afrikaans)[6]를 할 수 있고, 그가 아프리칸스를 할 수 있다는 것 자체가 그의 세계관을 공유할 수 있도록 한 것이다. 대화 파트너 간에 서로가 의미들을 공유할 수 있는 구축된 언어가 선택된 그 순간에 서로에게 '이해'라는 현상이 일어나는 것이다.

그러므로 치유 혹은 목회 상담은 언어 시스템과 밀접한 관련이 있다. 또한 치유 활동은 언어 속에서의 활동이라고 해도 무리가 아니다. 이러한 언어 활동 과정 속에서, 구체적인 상황 하에 커뮤니케이션의 기능을 담당할 어휘와 문법이 대화를 위해 형성되고 선택된다. 피트와 내가 이야기하던 그 상황에서 우리가 서로 이해하고 있는 토네이도와 뱀에 대한 개념들은 필시 비슷하지 않을 것이다. 그러나 우리의 대화 속에서 피트가 경험한 사건을 우리는 서로 이야기할 수 있게 되었다. 이런 현상은 바로 우리가 마치 그 순간 서로의 경험을 나누고 이해하기 위해 우리만

---

6) 역자 주: 남아공은 실제로 많은 다중 언어권이다. 그 중 아프리칸스와 영어가 대표적으로 사용되며 나머지 부족 언어는 그 부족 내에서만 사용한다.

의 어휘를 발전시키는 것과 같다. 대화 속에서 사용된 의미가 내포된 소리들(sounds)과 무의미한 소리들(noises)은 상호간의 허용이 전제된 하에 '통용하는 법칙들'(passing theories)로 이해할 수 있다.[7] 이 안에 변화와 동력의 잠재성이 자리하고 있다. 나는 피트에게 기상학적 의미의 토네이도를 가르치지 않고도 나 자신이 그가 이해하는 세계, 즉 화가 난 뱀 이야기 속으로 들어갈 수 있고, 서로가 나눈 언어의 구축으로 다른 해석, 즉 우리에게 덜 위협적인 해석을 시도할 수 있었던 것이다. 나는 그의 세계관을 이해하는 데 있어 우리 둘만이 구축한 언어의 사용 이외에는 다른 방법이 없었다. 왜냐하면 피트가 사용한 토네이도란 개념은 내 사고의 바탕이 되는 서구 문명에서 구축한 언어 개념이기 때문이다.

피트와 나의 이야기에서 내가 강조하고 싶은 것은 치유 상담이나 목회 상담의 상황에서 자신의 동무(내담자)의 언어를 이해하고 의사가 통할 수 있도록 하는 것은 아무리 강조해도 지나친 것이 아니라는 점이다. 왜냐하면 언어란 나의 동무가 자신의 경험을 표현하려고 어떤 메타포, 즉 은유를 동반하기 때문이다. 나의 동무가 쓰는 단어들, 언어들 그리고 의미들은 그의 삶 속에서 일어난 일들을 해석하고 있다. 그러므로 상담가는 굉장히 주의 깊게 먼저 동무들의 이야기를 듣는 사람이 되어야 한다. 주의 깊게 듣는 사람이란 천천히, 아주 천천히 '이해'에 접근하는 사람을 말한다. 이해를 빨리 하려고 하면 할수록 진실하고 진솔한 대화는 오간데 없고, 둘의 대화는 손상을 입을 위험성이 높으며, 잘못된 이해를 할 수 있는 잠재성이 높아진다. 도스토예프스키의 소설 「백치」(The Idiot)에 나오는 주인공 프린스 미쉬킨이 이런 말을 한다. "어

---

7) 참조: Rorty, R. 1989. *Contingency, Irony and Solidarity*. Cambridge, University Press. 12.

떤 개인도 완전함으로부터 삶을 출발할 수는 없다. 완전한 사람이 되기 위해 가장 먼저 전제되어야 할 것은 사람은 절대로 많은 것을 이해할 수 없다는 것을 인식하는 것이다. 왜냐하면 우리가 너무 빨리 많은 것을 이해해 버리면 우리는 필시 충분히 잘 이해하는 일에는 실패할 것이기 때문이다."

제 2장
상담가 지혜로운 새

밴다(Vanda) 부족의 우화(여행)

옛날에 한 어린 소년이 어느 날 사랑하는 개 네 마리를 데리고 꿀을 따기 위해 집을 떠났습니다. 그리고 한 마리의 작고 아름다운 새가 이 소년의 길잡이가 되어 주었습니다. 염소들이 우글거리는 한 작은 우리에 소년이 막 도착하여 걸음을 멈추는 순간 새가 소리쳤습니다. "멈추지 마세요. 조금만 더 가 보면 더 좋은 것들이 있어요." 소년은 그 말을 믿고 좀더 앞으로 가 보았습니다. 새의 말은 사실이었습니다. 거기에는 몇 마리의 양들이 있었던 것이지요. 그러나 새는 또다시 소리쳤습니다. "멈추면 안 돼요. 이것들보다 더 좋은 것들이 조금 더 앞에 가면 있어요. 계속 가 보세요." 그래서 그 소년이 양들을 지나 더 앞으로 가 보니 거기에는 살진 소들이 외양간에 있었습니다. 그럼에도 불구하고 새는 좀더 가라고 소년을 다그쳤습니다. "앞에 더 좋은 것이 있으니 더 앞으로 가 보세요." 마침내 소년이 한 칸을 더 지나 보니 거기에는 여러 채의 오두막이 있었습니다. 그 중에 한 오두막 문을 열고 들어가 보니 아니, 이게 웬일입니까? 이가 네 개밖에 없는 노파가 갑자기 나타나서 소년을 죽이려고 하는 것이었습니다. 소년은 얼른 달려서 가까이에 있는 나무 위로 올라갔습니다. 그러나 노파는 몇 개 되지 않는 이로 나무의 기둥을 갉기 시작했습니다. 그때 소년의 건강한 세 마리의 개가 번개같이 노파를 덮쳤습니다. 그러나 역부족이었습니다. 노파는 세 마리 모두를 찢어 죽였습니다. 그런데 이변이 일어났습니다. 노파가 세 마리 모두를 찢어 죽이는 동안 소년의 네 마리 개 중에 가장 연약한 절름발이 개 한 마리가 노파의 목을 물고 노파가 죽을 때까지 놓지 않는 것이었습니다. 결국 노파는 가장 약한 소년의 개에게 죽게 되었습니다. 마침내 소년은 나무에서 내려와 우리 속에 있던 모든 것을 가지고 집으로 돌아오게 되었습니다.

부지의 자세(Not-knowing position)

나레이티브 치유 상담에서는 상담가가 내담자보다 더 많이 알거나 더 잘 안다고 생각하지 않는다. 도리어 상담가나 목회자는 낫 노윙 포지션 안에 있다. 낫 노윙 포지션이란 한마디로 말한다면 무엇인가를 내담자에게 배우려고 노력하는 자세다. 사실 상담에서 상담가나 목회자의 조언 등과 같은 것이 매우 중요시 여겨지기에 자연스럽게 마치 그들이 인생 문제에서 전문가처럼 인식될 때가 있다. 그러나 실제적으로 상담가와 목회자의 전문성은 정직하게 '모른다'는 자세를 견지하는 데 숙련되어 있어야 하며, 우리의 동무 즉 내담자의 능력과 전문성을 인정해 주어야 한다. 또한 상담이 진행되는 동안 내담자 자신이 실제로 자신의 문제에서 전문가임을 확인시켜 주는 것이 진정한 목회 상담가다. 이것이 나레이티브 상담 예술이다.

나레이티브 치유 상담가는 내담자와의 관계에서 자유롭고 동등한 대화가 이루어지도록 노력해야 한다. 또한 모든 이야기들 그리고 어떤 이야기든 그 이야기 자체가 심도 있고 진솔하게 다루어져야 한다. 여기에는 상담가의 이야기도 포함되는 것이 물론이지만, 상담가나 목회자 자신의 이야기가 더욱 진솔한 것이라던가, 정확한 것이라던가, 아니면 권위 있는 것이라고 생각하면 큰 오산이다. 이 대목에서 조심해야 할 것은 상담가 혹은 목회자의 이야기(전문 지식을 포함해서)나 평신도의 이야기가 같다는 것이 아니다. 단지 어떤 이야기든지 진지한 것으로 동등하게 취급되어야 한다는 것을 강조할 뿐이다. 내담자와 내담자의 이야기가 분리될 수 없듯이, 상담가 또한 절대로 자신을 자신의 이야기로부터 분리해 낸다는 것은 불가능하다. 상담가 자신이 마치 내담자처럼 자신의 동무(내담자)의 이야기를 들을 수는 없다. 이것은 불가능한 일이다. 왜냐하면 상담가는 이미 자신의 위치에서 자신의 선지식과 선경험을 통해 내담자의 이야기를 듣게 되기 때문이다. 자신의 이야기가 무의식 중에라도 내담자와의 대화 속에 스며드는 것이다. 내담자의 이야기 전체를 진지하게 들을 것인지, 아니면 한 귀로 흘려 버릴 것인지를 결정하는 데 자신의 이야기가 많은 영향을 주게 된다. 즉 자신의 이야기를 통해 상담 진행 과정에서의 자신의 행동 양식을 결정하는 것이다.

그렇기 때문에 상담가는 자신의 이야기의 영향력을 의식하고 있어야 하며, 대화 속에서 자신은 이야기를 함께 만들어 가고 함께 이야기를 나누고 탐구하는 사람이라는 것을 의식할 필요가 있다. 상담가와 내담자가 함께 만들어 가는 이야기의 출처 중의 하나는 어느 한 사람의 이야기가 뼈대가 될 것이다.

어떤 책을 읽거나 쓸 때도 마찬가지다. 독자 여러분이 나의 책을 독자로서 '지금 이 순간'(here and now) 아무 의식도 없이 단순히 읽는 것이 아니고 나의 이야기를 어느 정도 거리를 두고 받아들이고 있을 수도 있으며, 동시에 여러분 자신의 이야기(선입견을 포함해서)와 지금 읽고 있는 나의 이야기나 책 속에 나오는 사례를 통해서 어느 한 이야기를 만들어 가고 있을 수도 있다.[8] 여러분이 내 책을 어떻게 생각하는지는 작가인 나 자신이 생각하는 것과 다를 수 있다. 그렇기 때문에 나의 책에서 소개된 이야기들이 독자들 개개인에게 그 의미와 파장은 다를 수 있는 것이다. 우리는 이 책을 통해 새로운 이야기의 협력 주체가 되었으며, 그 새로운 이야기는 부정적이든 긍정적이든 우리의 이야기가 되는 것이다.

그렇기 때문에 나는 나의 이야기를 가능한 한 충분히 나누는 것이 여러분이 나의 독자로서 이 책을 이해하는 데 도움이 된다고 생각한다. 이렇게 할 때(In this way) 여러분은 나와 같이 이야기를 만드는 첫 발을 내딛는 것과 함께 진보하는 것이고, 그 첫 출발은 바로 '이야기하기'(storytelling)에서부터 출발한다. 여러분이 의미 있는 어떤 이야기를 만들기 전에 먼저 해야 할 두 가지가 있는데, 첫째로 나의 이야기를 잘 들어줘야 하고 그리고 여러분이 여러분 자신들의 이야기에 대해서도 잘 들어야 한다는 것이다.

컴퓨터의 모뎀을 가지고 예를 들어 보자. 나의 컴퓨터 옆에 모뎀이 설치되어 있다. 만약 내가 지역 네트워크나 인터넷을 연결하려고 한다면 나는 꼭 전화번호를 눌러야 한다. 그러면 그 전화번호는 '띠디디' 하는 우스운 소리를 내면서 전화벨이 울리기 시작한다. 그 다음에야 나의 컴퓨터 모뎀은 다른 인터넷 서버와 연결되면서 의사소통이 가능해진다. 이와 같이 사람들은 처음에는 냉랭하게 혹은 무감각한 모뎀처럼 의사소통을 한다. 결과적으로 우리는 시끄러운 소리만 지나치듯 듣고 말게

---

8) storymaking E. H. Peterson의 책 *Five Smooth Stones for Pastoral Work*. 1980. Grand Rapids, Michigan: William B. Eerdmans. 85.

된다. 그 속에서는 우리에게 실제적인 '이해'라는 것은 발생하지 않는다. 슬프게도 목회자나 상담가들은 자신의 동무(내담자)의 이야기를 모뎀처럼 듣고 있을 때가 종종 있다. 여러분 역시 이 책을 그와 같이, 모뎀처럼 읽고 있을 수도 있다. 여러분이 이 책을 모뎀처럼 취급하지 않도록 돕기 위해 나는 나 자신의 이야기를 조금 더 하겠다. 정말 깊이 있게 들으려고 할 때, 여러분은 정말로 바른 상담가의 길로 가고 있는 것이다.

나의 이야기

한 국제 회의에서 내가 나레이티브 상담과 목회에 대한 발제를 할 때 있었던 일이다. 개인적으로 나레이티브 접근 방법에 충실한 것 외에는 나 자신이 어떤 전문적 권위가 있다고 스스로 느끼지 못하고 있었다. 그런 내가 나레이티브 방법에 대해 강의를 한다는 것은 그야말로 어불성설이었다. 그러므로 나는 아주 어린 시절에 대한 이야기를 하는 것으로 발제를 시작했다. 내가 오랜 시간 많은 동무들이 나에게 자신들의 이야기를 들려주던 그 일을 나도 나 자신에게 하도록 했다. 나는 목회 상담을 할 때 사람들에게 자신들의 어린 시절에 대해 이야기를 해 달라고 요청하는 습관을 가지고 있다. 왜냐하면 어린 시절에 대한 짧은 이야기는 우리가 서로의 정체성을 나누는 데 도움이 되기 때문이다.

나의 어린 시절에 대해 기억나는 것 한 가지는 다니엘과 나 그리고 나의 작은 장난감 차에 대한 것이다.[9] 아마도 내가 세 살인가 네 살쯤 되

---

9) 역자 주: 독자들은 필자가 자신의 이야기를 하면서 그의 아버지가 가난했다는 말이 어색할 수 있다. 그러나 필자의 나라 남아공화국에서는 거의 모든 집에 흑인 정원사가 있다. 그러므로 정원사

었을 때의 일이다. 나는 외동아들이었는데, 내가 기억하기로는 이때 처음 생일 선물이라는 것을 받았던 것 같다. 우리 가족은 그때 하이펠트(Highveld)에 있는 작은 농장에서 살았다. 우리는 가난했다. 농부가 꿈인 나의 아버지는 농사를 지으면서 그리 썩 성공하신 분이 아니었다. 나의 아버지의 본업은 배관을 파는 일이었는데 그 일을 계속 할 수밖에 없었다. 왜냐하면 아버지의 농장은 계속적으로 돈 외에는 다른 것을 요구하지 않았기 때문이다. 내가 조금 자랐을 때, 우리 집은 그리 넉넉한 편은 못 되었지만 경제적 상황은 조금 나아졌다. 그래서 나의 아버지는 누이들과 나의 학업을 지원하는 데 어려움이 없었다. 그렇다고 해서 우리 집이 가난에서 벗어났다는 것은 아니다. 그러므로 내가 선물을 처음으로 받아 본 일, 그것도 나의 생일 선물로 받았다는 그 사실은 황홀 그 자체였다. 그것은 몇 개의 플라스틱 차들이 긴 박스 안에 하나하나 배열되어 있는 것이었다!

  나의 첫 행동은 어서 빨리 이 황홀한 생일 선물을 나의 가장 친한 친구에게 보여 주는 것이었다. 바로 그가 다니엘이다. 그는 우리 농장에서 살며 같이 일하는 흑인 가족의 아들이었다. 우리는 매일같이 함께 놀았다. 나는 다니엘을 건물 밖에서 찾았다. 그리고 우리는 차를 구경하기 위해 함께 앉았다. 그가 나보다 조금 나이가 많았다. 그는 벤치에 앉았고, 나는 그 앞에서 주저앉았다. 우리는 커다란 황홀감 속에서 장난감 차를 하나씩 꺼내 보았다. 그런데 갑자기 그 녀석이 가장 좋은 것 두 개를 빼더니 나는 아랑곳하지 않고 마치 그 두 개가 자기 것인 양 자기 벤치 밑으로 밀어 넣어 버리는 것이었다. 그 다음에 어떤 일이 벌어졌는지

가 있다는 것 자체가 부의 상징은 아니다.

는 확실하게 기억이 나지 않는다. 아무튼 그때 나는 어떻게 이 일을 처리해야 할지 몰라 그저 나의 장난감 차를 모두 회수해 버렸다. 그러고는 결국 나는 다니엘의 친구라는 위치에서 주인의 아들 위치로 방향 전환을 했다. 내 생일 선물 중 단 하나라도 다니엘은 만질 수 없고 가질 수는 더더욱 없는 것이다.

나는 이 이야기를 해석하려고 시도조차 하고 싶지 않다. 단지 여러분(독자)에게 맡긴다. 그 국제 회의에 있던 처음 청중들은 나의 이야기를 많은 부분 백인과 흑인의 관계성 그리고 역할에 대한 기대치의 관점에서 들었다. 나는 지금 그 국제 회의의 결론을 말하려고 다시 다니엘과 있었던 이야기를 여러분(독자)에게 하고 있다. 회의에 참석한 사람 중 한 명이 내가 발제를 마치기 바로 전에 나에게 질문을 했는데 나는 즉답을 할 수 없었고 답을 하기 위해 깊이 생각해야만 했다. 그는 나에게 나의 모든 사람의 이야기와 다니엘의 이야기를 기초로 해서 나레이티브 접근 방법으로 나의 관심사를 설명해 주기를 요구했다.

깊이 생각한 후 내가 시도한 설명은 이렇다. 남아공 사람에게 나의 이야기는 아파르테이트(apartheid)[10] 이야기라고 말했다. 비록 우리의 아파르테이트 이야기는 외국인인 여러분이 듣고 이해하고 있는 것보다 더 복잡한 역사가 있지만, 이 이야기 자체가 나를 참으로 부끄럽게 만든 것 또한 사실이다. 나는 이러한 경험을 통해 나의 학문 세계를 위해 나레이티브 방법론을 발견하게 되었고, 나의 이야기를 진솔하게 들어주는 나레이티브 상담가(narrative therapist)와 조우한다는 의미가 무엇인지

---

10) 역자 주: 남아공화국의 유색 인종 차별 정책으로서 대표적인 지배 이데올로기다. 아이러니한 것은 이 이데올로기의 기초가 성경을 기반으로 하고 있다는 점이다. 저자는 이 지배 이데올로기에 맞서 싸우다 교단에서 축출되는 쓰라린 경험을 가지고 있다.

를 알게 되었다.

관심을 가지고 진실하게 이야기를 들어주려는 누군가에게 말을 할 수 있다는 것은 마치 과거의 상처에 연한 연고를 바른 느낌과도 같다. 아파르테이트 이야기는 품위를 떨어뜨리는 폐기 처분해야 할 이야기다. 이 이야기는 어떤 인간 그룹이 다른 그룹보다 우수하고 더 많이 '안다'(knowing)는 것을 전제로 한 이야기인데 결국에는 역풍을 맞게 되었다. 모든 해답을 아는 사람이라고 착각하고 다른 세계를 무시하며 사는 우리는 결국에는 지구의 찌꺼기라고 비난 받는 것을 느낄 수밖에 없을 것이다.

나는 내가 어떤 해답을 주려고 시도하려 할 때마다 도리어 나 자신이 확신이 없어지는 것을 발견하곤 한다. 많은 외국인들과 대화를 하다 보면 내가 참으로 아는 것이 부족하다는 것을 깨닫게 된다. 내가 나의 이야기를 하고 있노라면 나의 이야기가 점점 더 논리가 부족하다는 것을 발견하게 된다. 시간이 지날수록 이야기가 재구성의 과정을 거쳐 가고 있음을 느낄 수 있었다. 확신 속에서 누군가를 설득하려고 떠들었던 이야기가 지금은 나에게 부끄러운 이야기이지만, 다른 한편으로는 나의 부끄러움을 고백할 수 있는 방법을 제시하고 있다. 이것은 고통의 과정을 수반한다. 그러나 동시에 자유함의 과정 역시 동반한다. 나의 아파르테이트 이야기 속에서, 나 자신이 단지 이야기하는 사람(storyteller)에서 이야기를 만들어 가는 사람(storymaker)으로 진보함을 경험했다. 측은한 마음이 깃든 이 이야기를 하는 것으로 인해 나는 새로운 이야기를 할 수 있게 되었고, 그 새로운 이야기는 나로 하여금 좀더 나은 미래를 위해 복무케 했다.

청년 목회자일 때 나는 백인 보어 혈통을 가진 사람(아프리카나)으로서 대부분의 나의 삶은 아프리카나와의 관계 속에서만 이루어졌지 여러 흑인 계통이나 다른 인종, 심지어 다른 백인 계통과도 상종을 하지 않았다.[11]

나는 아프리카나 브로에덜본드(Afrikaner Broederbond)의 멤버가 되었으며 얼마나 열심히 아프리카나와 아파르테이트를 변증했는지 모른다. 1978년 프레토리아에 있는 회중 대학의 학생들을 위한 목회자로 지명된 후, 나에게는 변화가 일기 시작했다. 분명히 나는 그 때부터 젊고 신선한 사고에 의해서 영향을 받게 되었고 나 자신을 보수적인 아프리카나 이데올로기에서 분리하고 있었다. 지금도 기억하는데 어느 해 겨울 학생들을 데리고 소웨토(Soweto, 대표적인 흑인촌 중의 하나다)에 갔다가 가엾은 그들의 삶을 보고 나는 굉장한 충격을 받았다.

글을 쓰는 이 순간도 그 때를 다시 생각해 보면, 분명히 그때 나는 거기서 어떤 충격에 휩싸이자마자 나의 삶에 대해 부끄러움을 감출 수가 없었다. 1997년 내가 몇몇 뜻을 같이하는 목회자들과 '진실과 화해'의 멤버십에 사인을 할 때, 사실 나는 망설이고 있었고 이 일에 대해 장님과도 같았다. 청년 사역을 하는 목회자로서 나는 나의 젊은 청년들에게 사회적 윤리 의식을 불어넣어 주는 데 나 자신이 충분하지 못했고, 결국 그들과 함께 하는 동안 가치 있는 시간을 소비해 버린 것이다.

청년 사역 후에 나는 1990년 교단에서 프레토리아 대학 신학부의 강사로 임명되었다. 그리고 나서 곧바로 케냐의 나이로비에서 열리는 한

---

11) 역자 주: 남아공은 크게 여덟 종족의 흑인, 두 백인 집단, 인도계 그리고 흑인과 백인, 인도인과 백인 간의 혼혈계가 가장 대표되는 집단이다. 필자가 말하는 보어 계통은 네덜란드 혈통을 말하며 보통 아프리카나라고 부른다. 남아공에서 대표되는 다른 백인 집단은 영국계다.

협의회에 스텔렌보쉬 대학 사람들과 함께 참석할 수 있는 기회가 주어졌다. 그 일을 위해 우리는 아프리카 교회 평의회(Africa Council Churches) 대표와 대화를 시작했다. 나는 점점 그들의 지적 탐구와 참된 영성 그리고 우리를 대하는 그들의 진솔한 자세에 감동을 받았다. 우리는 케냐에 가기 위해 비자 발급을 기다리고 있었다. 왜냐하면 우리는 비자를 받기 위한 특별한 조처가 필요했기 때문이다. 이 회의는 만델라(Mandela) 전 대통령이 석방되기 훨씬 전의 일이었다.

비록 내가 이미 아파르테이트를 통해 지적으로 많은 잘못을 했다는 것을 깨닫고 또한 변화가 필요하다고 생각하고 있었지만, 케냐에 머무르는 동안 나는 처음으로 내가 아파르테이트를 지지, 변증하는 일에 개입되었던 것이 잘못된 일이라는 것을 사과할 필요성을 절감했다. 그룹 토의에서 나는 기독교인의 하나로서 감정적인 고백을 표하게 되었다. 나는 그 순간이 내가 나의 조국의 상황을 새롭게 바라보는 분수령이 되었다고 확신한다.

그 이후부터 나와 뜻을 같이하는 동료들과 함께 우리는 다르게 설교하고, 가르치고, 연설하기 시작했다. 나는 전심을 다해 새롭게 나의 사고들을 정리했다. 종교 회의나 교단 모임에 참석할 때마다 나의 인종 차별을 거부하고 다른 인종을 포괄하는 자세로 인해 늘 나는 공격을 당해야 했고 거기에 따른 변론을 해야 했다. 나는 남아공에서 가장 큰 교단에 속해 있었다. 가장 큰 교단인 우리 교단이 아파르테이트 정책과 이론을 담당하고 있었던 것을 온전히 회개하는 고백이 있어야 하고, 나아가서 진실과 화해 위원회의 비판을 겸허히 받아야 한다고 간청했다. 그러나 총회 최고 회의에서 이 문제를 다루기를 거부하기로 결정했을 때 나는 크게 실망하지 않을 수 없었다. 그러므로 나는 공개 편지를 띄우기로 마음먹었다. 이 편지에서 나는 내가 아파르테이트를 지지하고 유지하는 일에 복무했던 과거에 대해 진실로 회개가 필요하다고 역설했다. 그 일로 인해 나는 수 년 간 활동을 하지 못했다. 나는 결국 교단에서 나를 축출하는 것을 인정하기로 했다. 그러나 죄의식은 전혀 없었다. 시간이 지남에 따라 더욱 확신에 찬 것은 내가 복음(gospel)의 종으로서 남아공을 아프리카나인만을 위한 세상을 만드는 일에 나를 헌신한다는 것은 바르지 않은 것이라는 점이다.

너무 많은 세월 동안 나는 나 자신이 보스의 역할을 하는 것에서만 나의 정체성을 찾았다. 아파르테이트와 같은 정치 제도의 발전이 바로 이러한 아이러니를 양산하는 복잡한 문제인 것이다. 많은 요소들이 이러한 이슈를 세대를 거쳐 알려 준다. 나의 어릴 적 친구 다니엘과 나는 역시 오랫동안 체제화되어 왔던 사회 틀의 부산물인 것이다. 나는 가진 자의 사회의 한 부분이었고, 내 친구는 못 가진 자의 사회의 부분이었다. 이러한 현상은 누구의 잘못도 아니었다. 그저 그렇게 되어 있었던 것이다. 나는 나의 생일에 장난감 차를 받을 수 있는 사람이었고, 다니엘과 비교해 보면 오직 나만이 그 자동차를 갖기를 희망할 수 있고, 실제 가지려고 쓸데없는 시도도 할 수 있는 사람이다. 내 친구와 내가 보스와 하인으로 태어났다는 것은 누구의 잘못일 수 없다. 그러나 나는 절대로 내 친구 다니엘과 그의 사람들을 그 속에 오랫동안 가두어 두는 것에 무관심하게 살아온 나 자신을 결백하다고 변론할 수는 없다. 나 역시 너무 쉽게 나의 특권을 당연시했으며, 그들과 함께 하는 방법을 찾으려고 노력하지 않았음도 사실이다. 그러므로 나는 부끄러워해야 하고, 다시 말하지만 불공평하고 부당한 삶의 한 부분으로 살아왔던 나의 죄를 고백할 수밖에 없다.

나는 오랫동안 그래도 나의 친구들, 흑인들과 좋은 관계를 유지하고 있었다고 나 자신을 위안하곤 했다. 나는 어렸을 적 다니엘과 그 밖의 많은 흑인 친구들과 늘 동료 의식을 가지고 살았다. 나의 부모님도 항상 선교에 관심을 가져서 그들의 아픈 현실을 돕기 위해 노력하셨고 또한 그들을 복음으로 인도하려고 애쓰셨다. 한번은 아버지가 우리 농장 주위에 있는 내 흑인 친구들을 위해 학교를 세우셨고, 어머니는 초등 교육을 실시하셨다. 나는 그 학교에서 종종 주일마다 예배를 인도했고, 이 일로 인해 내가 대학 생활을 할 때 자연스럽게 학생 미션 그룹을 위해 봉사하는 계기가 되었다. KJV라는 이 미션 그룹은 기독 청년 선교 조직으로서 특히 인도 사람을 대상으로 하던 운동이다.[12] 나는 이 그룹의 리더가 된 적도 있었다.

그러나 아무리 내가 흑인들과 좋은 관계를 유지하고 그들과 함께 하는 활동을 했을지라도 나는 한 번도 그들에게 불공평한 사회적 제도인 더 큰 구조악에 대해 고민하지 않았고 복음을 사회 현상 속에서 보려는 시도를 하지 않았다. 나의 영성 생활은 너무 극단적인 개인의 경건성에만 치우쳐 있었다. 나는 너무 오랫동안 남아공 사회가 불공정하게 대우받으며 살고 있던 사람들, 희망을 잃고 힘이 없는 약자들에게 위협을 가하고 있는 것에 대해 너무 무지하고 장님이었다. 나는 지금도 그런 나에 대해 죄의식을 가지고 산다.

이런 이유로 해서 나는 나레이티브 방법론에 매료되었다. 나의 죄의식과 부끄러운 이야기를 말해야 필요성이 이 방법론에 의해서 용이해지기 때문이다. 우리는 이야기들(stories)과 관계함에 있어서 굳이 성공

---

12) 역자 주: 남아공, 특히 더반에는 인도계가 주류를 이루고 있다. 유명한 간디의 비폭력 운동도 여기가 시발지였다.

적이고 좋은 일화들이 담긴 이야기들만 필요한 것이 아니다. 나레이티브 방법론에 의해 우리는 서로의 이야기를 존중하는 자세를 발전시킬 수 있으며, 그로 인해 우리는 우리의 슬프고 부끄러운 이야기조차 손이 닿지 않는 선반에서 우리의 탁자 위로 끌어내 놓을 수 있다.

나의 이야기의 한 부분을 말함으로써(나는 나의 이야기에 대한 다른 관점을 선택할 수도 있었다), 나는 남아공에서 백인 남성으로서의 정체성을 찾으려 하는 것이다. 또한 나는 잠재적인 상호 문화 교류 방법론(intercultural approach)으로 내가 선택한 나레이티브 방법론을 설명하려고 한다. 나는 다른 책에서 이미 나레이티브 방법론이 얼마나 효과적으로 상호 문화적 컨텍스트[13]와 잘 대화할 수 있도록 돕는지를 역설했다. 나의 이야기로부터 독자들은 왜 나의 이야기가 서구 문화의 관점을 배척하지 않으면서도 대화의 이론들(theories of dialogue)을 발전시킬 수 있는지를 알게 될 것이다. 이 책에서 발전시킨 모델은 필히 다른 문화적 상황에서도 유용 가능해야 한다고 나는 생각한다. 제3장에서 나는 상호 문화적인 경우를 소개할 것이다. 그리고 이 책의 특성을 말해 줄 수 있는 남아공의 우화 하나를 소개할 것이다.

다른 사람들과 비슷하게 나 역시 아프리카에 대해 역설적인 경험들과 감정들이 교차한다. 나는 아프리카의 정신인 '우분투'(ubuntu : 흑인 부족의 말—역자 주), 즉 공동체 의식의 순수한 열정을 가지고 있다. 아프리카 대륙이 어떤 상황에서도 환영 받고, 그리고 친밀감 있고 인간미가 넘치는 곳으로 접근될 수 있도록 만들고픈 열정 말이다. 그러나 또 한편으로는 나의 의지 부족과 내가 하는 일에서의 효과의 부족으로 인

---

13) Taxes Christian University에서 가르치고 있는 Howard Stone과 내가 함께 쓴 *Skrif en Kerk*, vol. 19 (2) 1998을 참고하기 바란다.

해 또 다른 많은 걱정들이 있고, 내가 하는 일에서 행복하지 않을 때가 있다. 이런 모든 것에도 불구하고 나는 아프리카를 위해 계속해서 헌신하겠다고 나 자신을 다잡곤 한다. 나의 가슴은 뜨겁게 아프리카를 향해 있다. 이것이 내가 하고 싶어하는 현장 그 자체를 중요시하는 상담학이고 실천신학이다.

제3장

열린 미래^꿀

밴다(Vanda) 부족의 우화(여행)

　옛날에 한 어린 소년이 어느 날 사랑하는 개 네 마리를 데리고 꿀을 따기 위해 집을 떠났습니다. 그리고 한 마리의 작고 아름다운 새가 이 소년의 길잡이가 되어 주었습니다. 염소들이 우글거리는 한 작은 우리에 소년이 막 도착하여 걸음을 멈추는 순간 새가 소리쳤습니다. "멈추지 마세요, 조금만 더 가 보면 더 좋은 것들이 있어요." 소년은 그 말을 믿고 좀더 앞으로 가 보았습니다. 새의 말은 사실이었습니다. 거기에는 몇 마리의 양들이 있었던 것이지요. 그러나 새는 또다시 소리쳤습니다. "멈추면 안 돼요. 이것들보다 더 좋은 것들이 조금 더 앞에 가면 있어요. 계속 가 보세요." 그래서 그 소년이 양들을 지나 더 앞으로 가 보니 거기에는 살진 소들이 외양간에 있었습니다. 그럼에도 불구하고 새는 좀더 가라고 소년을 다그쳤습니다. "앞에 더 좋은 것이 있으니 더 앞으로 가 보세요." 마침내 소년이 한 칸을 더 지나 보니 거기에 여러 오두막이 있었습니다. 그 중에 한 오두막 문을 열고 들어가 보니 아니, 이게 웬일입니까? 이가 네 개밖에 없는 노파가 갑자기 나타나서 소년을 죽이려고 하는 것이었습니다. 소년은 얼른 달려서 가까이에 있는 나무 위로 올라갔습니다. 그러나 노파는 몇 개 되지 않는 이로 나무의 기둥을 갉기 시작했습니다. 그때 소년의 건강한 세 마리의 개

가 번개같이 노파를 덮쳤습니다. 그러나 역부족이었습니다. 노파는 세 마리 모두를 찢어 죽였습니다. 그런데 이변이 일어났습니다. 노파가 세 마리 모두를 찢어 죽이는 동안 소년의 네 마리 개 중에 가장 연약한 절름발이 개 한 마리가 노파의 목을 물고 노파가 죽을 때까지 놓지 않는 것이었습니다. 결국 노파는 가장 약한 소년의 개에 의해 죽게 되었습니다. 마침내 소년은 나무에서 내려와 우리 속에 있던 모든 것을 가지고 집으로 돌아오게 되었습니다.

열린 미래

　소년은 꿀을 찾으러 떠나기 시작했다. 꿀이란 어떤 가치 있는 것을 나타내는 보편적인 상징이다. 그 소년은 자신의 꿈을 좇았다. 이 이야기에서 재미난 현상은, 이야기 초반부를 빼고는 꿀은 더 이상 언급되지 않고 있다는 것이다. 새는 그저 더 앞에 좋은 것들이 있다고만 하고 있다. 결국에 가서 소년은 무엇인가로 꽉 찬 우리를 찾기는 했으나 거기에는 한마디도 꿀이란 단어는 나오지 않는다. 다시 말하자면, 꿀은 미래 앞에 놓여진 '어떤 좋은 것' 의 메타포일 뿐이다. 우리는 어떤 좋은 것을 찾기 위한 꿈을 꾼다. 바로 이것이 젖과 꿀이 흐르는 땅인 것이다.
　나레이티브 대화를 통해 사람들은 자신들의 꿀 단지, 즉 자신의 미래에 대한 이야기를 구성할 수 있도록 초대된다. 그렇기 때문에 나레이티브 방법론이 상호 문화 교류적 대화에 적당하다고 나는 생각한다. 각각의 문화나 어떤 특정 집단의 가치 체계들은 그 나름으로 꿈에 대한 내용을 간직하고 있다. 예를 들어, 남아공 안에서 모든 사람들과 그룹들이 자신들의 더 나은 미래는 이것이라고 모두가 동의하는 미래는 없을 것이다. 마찬가지로 상담가와 그의 동무(내담자)가 서로 더 나은 미래에 대해 서로 같아야 할 필요는 전혀 없다. 나레이티브 방법론은 각각의 사람들이 자신만의 꿀 단지 이야기를 만들어 가도록 돕는다.

내가 지금 소개하려고 하는 경우는 나레이티브 방법론을 통해 어떻게 다양한 컨텍스트 안에서 다양한 사람들이 서로가 더 나은 미래의 꿈을 실현해 갈 수 있는지를 예증하는 것이다. 여기에 실은 사례 연구는 한 국제 회의에서 내가 역할 놀이(role-play)를 위해 발표했던 것이다.

사례 연구

배경

애니는 결혼하지 않은 37세의 아프리카나이다. 그녀는 더치 리폼드 교회(Dutch Reformed Church)[14]의 멤버로서 프리스테이트(Freestate) 시에서 태어나고 자랐다. 그녀의 부모님은 전형적인 더치 리폼드 교회의 백인 아프리카나였다. 부정적인 관점에서 보면 극단적인 근본주의자였다. 그녀는 학교를 졸업하고 네덜란드의 YWCA에서 일년 간 일을 했다. 그리고 남아공으로 다시 돌아와서 북 크와줄루 나탈(North KwaZulu, Natal)에서 국제 선교단체와 함께 선교 사역을 감당했다. 그녀는 그 지역에 자신의 오두막을 짓고 다른 흑인 여성들과 똑같이 살았다. 그리고 그녀는 스와질랜드(Swaziland)에서 어린이 사역에도 손을 대었다. 그 곳에도 자신의 오두막을 지었다. 1991년에는 모잠빅

---

14) 역자 주: 남아공의 가장 큰 교단으로 인종 차별 정책이 가장 심했던 교단이다.

(Mozambique)을 넘어가서 거기에 또 다른 선교 캠프를 차렸다. 역시 여기서도 자신의 오두막을 지었는데 그 지역 사람들과 융화되기 위해서였다. 오늘날 그녀의 활동은 이 지역의 중심이 되어 있다.

애니의 아버지 제리는 63세이고, 어머니는 1993년에 소천하셨다. 아버지는 수백만 장자였고 6남매가 있었다. 그 중에 애니는 막내였다.

애니는 지난 3년 동안 모잠비크[15]에서 시몬이라는 청년과 같이 일을 하게 되었다. 그는 6형제 중에 장남이었고 그가 아홉 살 때 그의 아버지는 가출을 해서 홀어머니 밑에서 자랐다. 그의 어머니는 아버지의 세 부인 중의 하나였다.[16] 그의 아버지는 마푸토 감옥의 간수장이었다. 그의 아버지가 집을 떠난 후 가톨릭 교회가 그의 가족을 돌보았고, 그는 가톨릭 학교를 다녔다. 1974-5년에 모잠비크 독립 운동이 활발할 때, 그는 학교를 떠나도록 강요되었고 군대로 내몰렸다. 그 이후에 그도 역시 감옥의 간수가 되었고, 나중에는 간수장까지 승진을 했다. 간수 일을 하는 동안 그는 공부를 하여 기계 기능사가 되었다. 1986년부터 그 역시 감옥에서 선교 활동을 적극적으로 펼쳐 왔다. 1991년 애니가 폰트도하(Ponte D'Ora) 지역에 도착했을 때 그녀는 침례교회에 출석을 했고 거기서 시몬을 만나게 되었다. 그 둘은 교회 일에 매우 활동적이었고 그들 사이에는 우정이 싹트게 되었다. 급기야 그들의 우정은 사랑으로 발전했고 결혼의 문턱까지 가게 되었다.

그들은 서로 사랑했고 결혼하기를 원했다. 그들은 서로를 하나님께서 주신 배필이라고 확신했다. 둘 사이에는 종교와 기독교가 가지고 있

---

15) 역자 주: 모잠비크는 현재 사회주의 국가이며 포르투갈의 식민지였다. 그러므로 공식 언어는 포르투갈어이며 아직도 가톨릭 교회의 영향이 강하게 남아 있다.
16) 역자 주: 아직도 흑인 문화에서는 일부다처제가 남아 있다.

는 핵심에 대해 서로의 관심을 나눌 수 있는 많은 부분이 있었다. 그들은 아름다운 감정적 상호 교류를 느끼고 있었다. 그렇다고 해서 그들 서로간의 다른 점들, 특히 서로간의 문화적 차이의 어려움이 있을 것이라는 현실을 간과하지는 않았다. 그렇지만 또 다른 한편, 그들은 자신들에게 그러한 문제들을 극복할 수 있는 잠재력이 있다는 것도 확신하고 있었다.

그들이 당면한 굉장한 어려움 중의 하나는 애니 가족의 극렬한 반대였다. 그들은 그 둘의 관계에 대해 매우 비판적이었다. 제리(애니의 아버지)는 말하기를, 자신에게 그때 양면적인 감정이 교차했었다고 한다. 한편으로는 그 둘의 결혼을 반대하려 했고, 다른 한편으로는 자신의 딸에게 선택권을 주고 또한 시몬을 한 남자라서 받아들이고 싶어했다고도 한다. 그러나 그는 그 둘의 결혼을 찬성하지 않았다. 그렇다고 시몬을 배격하지도 않으며, 그들이 자신의 집을 방문하는 것을 언제든지 환영했다고 했다. 그러나 그는 단지 한 가지 어려운 문제를 남겨 놓고 있다. 그는 시몬과 애니 사이의 복잡다단한 문제들이 표출될 것이라는 막연한 두려움과 다른 가족들과의 긴장 관계를 걱정하고 있는 것이다.

제리의 장남 딕은 바르지 못한 판단의 소유자였다. 그는 심지어 인종 분리 정책이 확실하게 존속하고 있는 곳으로 이사하여 산 사람이었다. 그런 그가 재정적 압박 때문에 다시 아버지 곁으로 와서 농장 일을 돌보고 있었다. 그는 당연히 애니의 관계에 대해 매우 부정적이었다. 그는 애니와 그 어떤 일에 관계되는 것을 극도로 거부했다. 둘째 언니 매리는 진보적 아프리카나이며 빠른 속도로 새로운 남아공 상황에 적응해 가고 있는 인물임에도 불구하고 애니의 상황을 자신의 남편에게 말하기를 꺼려했다. 셋째 언니 애이미는 심지어 자신의 자녀들에게 앞으로 애니를 이모라고 부르지 말라고까지 했다. 둘째 오빠 존은 침묵했지만 애니의 관계에 대해 철저히 반대했다. 그가 침묵으로 일관한 이유는 어떻게 이 상황을 받아들여야 좋을지 모르기 때문이었다. 아버지와 함께 농장 일을 돌보는 애니의 바로 윗언니는 자신의 눈으로 직접 확인하기 위해 폰트도하까지 직접 차를 몰고 가서 시몬을 만나 보았다. 그녀는 집으로 돌아온 후 애니를 돕기 위해 편지를 썼다. 그녀는 어느 남매의 이야기도 듣지 말라고 용기를 북돋아 주었다. 막내 언니는 모든 가족들이 인간의 관점으로 애니의 문제를 판단하려는 반면에 가족 중 유일하게 애니만이 주님의 뜻을 찾고 있었다고 말했다.

애니의 문제에 대해 중요한 한 부분을 차지했던 역할이 바로 제리 가족이 다니는 교회의 목사님이었다. 그 목사님이 애니의 이야기를 듣고 난 후의 반응은 부정적이었으며, 특별한 이유 없이 허락될 수 없는 것이고 불가능한 일이라고 했다.

애니를 보조하던 아프리칸스 침례 교우들은 마치 부모처럼 행동했다. 그들은 애니가 흑인 남자와 잠자리를 같이 한다는 것 자체가 도무지 믿어지지 않았으며, 상상할 수도 없었다. 그들은 급기야 선교에 대한 재정적 보조까지 끊게 되었다.

시몬의 가족들의 반응: 애니의 흑인 남자 친구 시몬이 자신의 결정을 어머니께 말씀드렸을 때, 그의 어머니는 시몬을 나을 때 이야기를 해 주셨다. 어머니는 시몬이 흑인일지 백인일지 아니면 혼혈일지 몰랐다고 한다. 왜냐하면 수 세기 동안 포르투갈인과 원주민의 혼합 결혼이 성행기 때문이다. 그렇기 때문에 그의 가족에게는 아무런 문제가 되지 않았다. 모잠빅에서 혼합 결혼은 일반적인 것이었다. 시몬과 애니가 출석하던 폰트도하 교회 교우들은 성적 관점에서 의심을 가지고는 있었지만 그들의 관계를 축복해 주었다. 그들은 가능한 한 빨리 엄숙하게 결혼이 치러지기를 바랐다.

애니의 가족과 막역한 친구 사이인 비셔 목사는 애니가 시몬과의 관계를 청산했다는 소식을 전하자 애니를 특별하게 방문했다. 그 후 애니의 아버지 제리는 비셔를 만나 그 둘에 대해 불만을 털어 놓았다. 아버지의 희망은 그들이 관계를 청산할 수 있도록 돕고 싶은 것이었다. 비셔는 목회 상담적 자세로 경청했고, 그 문제들에 대해 자신의 감정을 그대로 받아들였다. 애니는 휴가차 집에 내려왔을 때 비셔를 찾아갔다. 그리고 가족들의 몰이해가 얼마나 자신에게 상처가 되었는지를 표현했다. 비셔는 동정적으로 귀를 기울였다. 비셔 목사님이 상호간의 이해를 돕기 위해 중재자 역을 자청하는 순간부터 그가 결정한 과업은 상당한 진척이 있는 것이나 마찬가지였다. 비셔와 제리는 함께 폰트도하에 가서 시몬을 만나기로 했다. 이 만남이 시몬과 제리의 첫 대면이 될 것이다. 제리는 비록 자기가 시몬을 인정할 수 없지만 특별한 이유 없이 그저 한 번 그를 만나야 한다는 느낌을 지울 수가 없었다. 그래서 그는 친구 비셔 목사에게 함께 가 줄 것을 요청했다. 비셔 또한 상황에 대한 더 깊은 이해를 위해 시몬을 만나 볼 필요성을 느꼈기에 흔쾌히 친구의 제의를 받아들였다.

비셔는 진정한 우정과 그리고 제리와 같은 지역에 산다는 사실 때문에라도, 그의 목회적 고민은 근본적으로 제리를 위한 것이었다. 또한 그는 애니와 시몬에게 결혼 예비 학교와 같은 결혼 전의 모든 남녀가 고민하고 준비해야 할 것들을 가르치고 싶었다. 제리 가족을 괴롭히고 있는 가족 내부의 문제들 역시 목회 상담이 절실히 요구될 때였다. 시몬과 애니는 남아공의 가족과 다른 사람들을 만날 때 모든 종류의 문제들에 부딪힐 것이라는 사실을 알고 있었고, 자신들 역시 자신들을 동정하는 공명판을 필요로 했다.

이 이야기에서 우리는 두 부류의 목회자를 볼 수 있다. 제리가 출석하는 교회의 목사님은 자신이 가지고 있는 확신을 기준으로 해서 너무 빨리 목회적 연결점을 잘라 버리는 결과를 가져왔으며, 비서 목사님은 먼저 자신을 애니와 제리가 겪은 이야기와 연결하려는 노력을 했다. 그의 선험적인 생각은 제리의 가정을 위한 목회적 걸음에 그리 큰 장애로 다가서지 않았다.

폴란드에서 개최되었던 회의에서 나는 4일 동안 애니와 제리의 이야기를 가지고 나레이티브 접근 방법론에 대해 그룹 토의를 이끌었다. 그 그룹에 참여했던 사람들은 모두 이 이야기를 통해 서로 문화적으로 연류되는 느낌을 받았다. 이 그룹은 나를 제외하고 열두 명이었는데 그 중 둘은 런던의 한 병원에서 원목으로 활동하고 있었다. 그 중 한 명의 부인은 우간다 출신으로 독일인과 결혼하여 독일에서 17년을 살았지만 이혼을 하게 되었고, 세 명의 독일 출신 목사님과 스위스, 네덜란드 그리고 헝가리에서 온 분들이었다.

나는 애니의 이야기를 첫 회기 때 소개하고 모든 참여자들에게 역할극(role-play)을 위해 역할을 하나씩 선택하도록 제안했다. 그리고 우리는 상호 문화 교류적 컨텍스트를 경험하기 위해 나레이티브 방법론을 시도해 보도록 했다—제8장에 나온 5단계 모델(the model of five movements)과 비교해 보기 바란다. 역할극을 하는 동안 대부분의 참여자들은 열성적인 모습을 보였지만, 한 독일 출신은 별로 신통치 않은 반응을 보였다. 그는 자신을 쉽게 애니와 같은 상황에 대처하기 어렵다고 고백했다. 왜냐하면 그 상황이 자신과는 너무 거리가 멀다고 느꼈기 때문이다. 그의 의견은 상당히 설득력을 가지고 다른 모든 참여자에게 영향을 미쳤다. 그래서 나는 나레이티브 방법론과 애니의 이야기를 가지고 대화를 다시 해보도록 제안했다. 그 다음날 재미난 현상이 일어났다. 모든 그룹 멤버들이 마치 자신들이 애니의 상황에 들어가 있는 것처럼 마음이 사로잡혀 있었으며 자신들 스스로가 역할극을 계속해 나가야 한다고 중지를 모았다. 그래서 나는 다시 그들에게 자신이 원하는 역을 선택하도록 했다. 그리고 우리는 아주 진지하게 역할극을 진행시켰다.

우리는 천천히, 그러면서도 확실하게 애니와 시몬의 삶을 느끼기 시작했다. 우리는 진정어린 눈물을 흘리는 상황까지 이르렀으며 그들의 감정으로 들어가게 되었다. 내가 경험한 진실에 대한 통찰은 이 북방 유럽인들이 남아공의 청춘남녀가 처한 상황으로 자신들의 삶을 지역적 한계를 뛰어넘어 통전할 수 있는 능력이 있다는 것이었다. 이 사례 연구는 단지 출발점을 제공했을 뿐이다. 애니의 이야기는 우리의 그룹 토의 안에서 진보를 나타냈다. 그리고 나는 이러한 발전이 참으로 진실한 삶이라고 느꼈다. 나는 놀라지 않을 수 없었다. 그렇기 때문에 상호 문화 교류적 작업을 계속할 수 있도록 나 자신에게 용기를 북돋아 주었다. 전혀 다른 켄텍스트를 가지고 있는 사람이 전혀 다른 문화에 있는 사람들의 이야기에 참여할 수 있는 것은 가능한 일이다.

마지막 주에 나는 그룹 토의에 참여한 사람들에게 자신들이 비서 목사의 입장이 되어 애니와 시몬에게 편지를 쓰도록 제의했다. 나는 네덜란드 목사와 독일 여자 목사에게 편지를 받았다. 두 분 모두 전혀 남아공에 대한 경험이 없는 분들이었다. 그러나 그들은 의미 있게 애니의 이야기의 한 부분이 된 것을 볼 수 있었다. 여기에 그들의 편지를 소개한다. 이 편지는 전혀 수정 작업을 거치지 않은 것이다. 그들의 모국어가 영어가 아니기 때문에 영어가 많이 서투른 점이 있는데 그 자체 그대로 여기에 옮긴다.

편지 1

친애하는 애니 자매와 시몬 형제에게

나레이티브 가족 치유 상담 세미나에 와서 우리는 여러분의 이야기를 들었습니다. 이 시간을 통해 나는 여러분이 과거에 얼마나 많은 아픔을 겪었는지 상상이 갑니다. 그러나 애니 자매님, 당신은 훌륭했으며 대부분의 사람들이 하지 않거나 감히 엄두도 못 내는 많은 경계선을 넘었습니다.

비록 자매님 가족의 동의 없이 시몬과 함께 하는 것이 자매님께 상처가 될 수 있을지라도 분명 하나님께서는 자매님의 길을 인정하실 것입니다. 가족들과 자매님의 만남은 항상 다를 것입니다. 그리고 가끔은 하나님의 은총과 자매님께서 가는 길이 전혀 보살핌이 없다고 느낄 수 있습니다. 아마도 자매님은 가족을 하나님의 보살핌에 맡길 수도 있을 것입니다. 그리고 시몬 형제님, 애니의 형제 자매와 부모님을 만나면 형제님은 혼란스럽고 당혹스러울 수 있을 것입니다. 다시 한 번 부자 가족들로부터 형제님은 경멸과 거절을 당할 수 있을 것이고, 그들은 형제님을 하나님의 사랑스런 한 사람으로 보지 않을 것입니다. 더욱이 형제님이 애니의 가족으로부터 버림받았을 때 형제님에 대한 애니의 또 다른 감정에 대해 걱정하지 않을 수 없을 것입니다. 더 나아가서 형제님은 하나님께서 우리를 구원하기 위하여 예수 그리스도조차도 경멸받게 내버려

두셨던 그 진실(사 53장)까지 의심할 수도 있을 것입니다. 내 생각에는 만약 필요하다면 애니 가족에게 솔직하게 물어 보는 것도 좋을 듯싶습니다. 그들의 하나님에 대한 믿음, 그리고 하나님의 사랑에 대해서 말입니다. 비록 광야의 삶은 종종 끝이 없는 것 같으나, 그래도 형제님은 약속의 땅을 향해 가는 형제님의 길에 대해 확신을 가질 수 있을 것입니다. 용기를 내십시오.

편지 2

친애하는 애니 자매와 시몬 형제에게

내가 편지를 쓰는 것은 참으로 오래간만이고 나에게는 일상적인 일이 아닙니다. 그러나 한편 여기 폴란드에서 열리는 목회자 세미나에서 여러분이 겪고 있는 가족 간의 갈등 이야기는 내 마음을 움직였습니다.

나는 그저 떠오르는 대로 나의 생각을 여러분과 나누고 싶고 여러분에게 향하는 나의 사랑을 전하고 싶어서 독일로 돌아가는 기차 안에서 이 편지를 씁니다. 내가 여러분의 상황을 실제적으로 이해할 수 있을지 걱정이 됩니다. 내 눈에는 여러분이 서로를 사랑하는 마음으로 가득 차 있다고 생각합니다. 또한 여러분은 하나님의 은총 아래 희망과 이상과 믿음을 가지고 같은 길을 걸으리라고 생각합니다. 그러나 나는 확실치 않습니다. 내가 여러분의 상황을 잘 이해할지 말이지요. 고정관념과 전통이 현재와 미래에 그림자를 드리우는 나라에서 서로 다른 피부색을 가진 남녀가 결혼을 한다는 것이 어떤 의미를 갖는지 이해한다는 것 자체가 나에게는 어려운 일입니다.

다른 한편으로는 만약 우리가 우리 과거에 대해 대항하도록 시도한다면 남아공 사람들은 평화가 깨진 이 지구상의 평화와 정의 그리고 화해자로서의 희망이 될 것입니다.

나는 목회자이자 상담가입니다. 내가 남아공의 상황이 얼마나 한 가족의 삶에 영향을 주는지 경험해 보지는 못했지만, 가족의 삶에 변화를 불러일으키고 변화를 시도한다는 것이 얼마나 어렵고 고통이 수반된다는 것을 나는 압니다.

가끔 갈등을 만들고 나와 가까운 사람에게 상처를 입히는 너무 다른 차이들과 강한 감정들 때문에 사람들은 서로를 받아들일 수 없다고 생각하는 것 같습니다.

나는 여러분이 서로의 다른 점들과 삶의 비전들을 받아들임으로써 가족 간의 갈등을 해결하기를 기도합니다. 나는 상담가로서만이 아니라 성장한 자녀를 둔 엄마로서 어떨 때는 다 커 버린 내 자녀들에게조차 그들이 그들의 삶에 대해 결정하도록 자유를 주는 것이 어렵다는 것도 알고 있습니다. 그 때마다 나는 그들이 그들 자신만의 바른 길을 찾을 것이라는, 그리고 자신들이 결정한 길을 받아들일 수 있을 것이라는 믿음을 갖는 것이 필요함을 느낍니다. 필시 여러분은 여러분으로 인해 가족들이 아파하지 않기를 바랄 것이고 가족에 대한 책임감을 느낄 것입니다. 나는 믿습니다. 만약 우리의 길에 대해 확신이 없다면 우리는 사람들을, 그리고 우리의 고통을 용서할 수 없을 것이라고 말입니다. 나는 이것을 나의 자녀들을 통해 배웠습니다. 그리고 또 다른 것도 배웠는데, 내가 내 자녀들에게 자유를 허락했을 때 새로운 과업과 새로운 비전들이 내 앞에 펼쳐지는 것을 보았다는 것입니다. 그리고 그것들에 대해 나는 행복을 느낍니다.

나의 상황을 다시 생각해 보고 싶을 때 나는 종종 성경의 이야기들을 기억해 보곤 합니다. 왜냐하면 나에게 많은 유익을 주기 때문입니다. 중요한 이야기 중 하나가 나오미와 룻의 이야기입니다. 나는 나오미의 결단이 바르다고 생각합니다. 비록 자신은 자신의 미래에 대해 슬픔과 걱정으로 가득해도 며느리들에게 자신들의 갈 길을 가도록 허락해 주는 장면이 말입니다. 나오미는 며느리들을 어른으로 대했으며, 그들에게 효성을 강요하지 않았습니다. 하나님은 그런 그녀에게 동의하고 계십니다.

여러분의 길은 쉽지 않을 것입니다. 그러나 나는 확신합니다―만약 우리가 파트너십을 가지고 이것을 배운다면, 종종 이것은 어려운 레슨이 되겠지만―서로 사랑하고 서로 다른 점 안에서 용납하고, 만약 우리가 우리 자신들을 믿고, 파트너십으로 우리 자신들에게 공간을 조금씩 나누어 주면 우리는 어려울 때나 즐거울 때 함께 할 수 있을 것입니다. 그리고 우리는 밖으로부터 오는 어려움에 대처해 나갈 수 있을 것입니다. 나는 가끔 사람들이 다른 사람과 창조 세계에 고통을 주지만, 그래도 하나님의 나라가 우리 속에서 자라고 있음을 믿는다는 것이 어렵지는 않습니다. 우리가 아우슈비츠 수용소에 가 보았을 때도 나는 우리 민족의 어두웠던 과거를 맛보았습니다. 나치는 이 수용소에서 수백만 명의 유대인을 학살했습니다. 너무 감사한 것은 다른 나라 여행객들이 이 수용소를 방문하고 우리 민족이 지고 있는 커다란 짐에 동무가 되어 주는 것을 느꼈다는 것입니다. 바로 이것이 미래의 불빛 아니겠습니까? 바로 이것이 우리 가운데서 화해자로 활동하시는 하나님의 사인 아니겠습니까?

사람들이 정의와 평화와 사랑 안에서 함께 사는 비전을 여러분을 통해 느낍니다. 그 길은 분명 고난의 길일 것입니다. 왜냐하면 과거의 상처들을 꼭 응시해야 하니까요―우리 민족의 경우 홀로코스트의 상처들―그리고 꼭 용서를 구해야 하니까요. 그러나 나는 하나님께서 이 길에 함께 하신다고 확신합니다.

하나님께서 여러분과 함께 하시고 여러분 가족에게 은총을 베푸시기를 기원합니다.

문화 교류적 대화(Intercultural Conversation)

각 개인의 이야기(상담가의 이야기 포함)는 다른 사람의 이야기에 기억되고 새겨진다. 이야기는 문화적 통전을 거치면서 자라 가는 것이다. 억스버거(Augsburger)[17]는 "인간은 문화의 발명가이자 문화의 발명품이다"라고 했다.

개인의 정체성은 가족의 정체성에 의해 결정된다. 가족의 정체성은 다시 사회적 문화에 의해 결정된다. 모든 가족, 씨족, 사회적 시스템은 그들만의 독특한 정체성으로부터 만들어진 그 자체의 핵심 이야기가 있다. 넓은 가족의 이야기, 환경, 문화는 모든 사람들의 이야기를 포함하고 있다. 개인과 가족 그리고 가족의 생태학적 구조 사이에는 피할 수 없는 종속관계가 존재한다. 억스버거는 말레이지아의 격언을 통해 이런 현상을 설명하고 있다. "코코넛 껍질 밑에 있는 개구리 같은"(Seperti katak be bawah temperung). 개구리가 코코넛 껍질의 경계를 벗어나지 못할 때, 그 개구리는 어두운 세계를 경험할 수밖에 없다. 우리는 우리의 문화적 껍질 밖으로 나오는 데 성공하지 못할 때가 종종 있다. 그러기에 다른 사람들의 문화 역시 신비에 싸여 있다는 것을 기억해야 한다. 우리는 우리 자신들의 문화적 시스템들에 의해 둘러싸여 있다. 그러기에 더 넓은 생태적 시스템을 향해 우리의 문화를 개방하기도 하고 때론 깨뜨릴 필요성이 있는 것이다.

과거 수 년 간 여성학은 우리의 고정관념을 무너뜨리는 중요한 역할을 했다. 우리에게 협상 가능하지 않은 가치들은 없다는 것을 가르쳐 주

---

17) Augsburger, D. W. 1986. Pastoral Counseling across Cultures. Philadelphia: The Westminster press. 58.

었고, 가치들이란 단지 문화적 소산으로서 우리의 머리에 씌워진 코코넛 껍질과도 같다는 것이다. 여성학자들은 상담에 있어서도 우리에게 새로운 관점의 가족 개념을 선사했는데, 바로 건강한 가족은 하늘에서부터 떨어진 개념이 아니라 이데올로기적 색깔과 경제·문화적 이야기 속에서 배태된 것이라는 것이다. 그러므로 우리가 현재 가지고 있는 개념의 가족들의 삶과 부부의 역할이 성경에 기초한 창조 명령이라고 단언하고 이해하는 것을 조심해야 한다고 강조한다.

문화 교류적 대화는 여러 형태 속에서 실천된다. 가장 첫 번째 대화는 동등한 선상에 있는 문화들 사이에서만 일어나는 것이 아니고 대부분 청년 문화와 장년 문화나 남녀 간 같은 이질 문화 혹은 다른 집단 문화(subcultures) 간에 일어난다. 가끔 어느 한 가족 형태가 이질 문화로 낙인찍혀 고립된 가운데서 살아갈 수도 있다. 이러한 가족은 용기가 필요하고, "항상 가족이란 이런 것이다"라는 고정관념의 문화를 깨뜨리겠다는 결심이 필요하다. 지금까지 우리 사회에 받아들여져 내려온 문화적 편견이 어떤 것인지를 분간해 내는 것은 쉽지 않은 일이다. 각자의 이야기가 자유롭게 이야기될 수 있는 한 공간 속에서 개인은 겨우 작은 한 오솔길을 만들어 낼 수 있다.

각 장 앞에 소개된 우화를 보면 꿀은 없었다. 그러나 그 소년은 더 값진 것을 찾아냈다. 다시 말하자면, 소년은 꿀을 가졌다. 그러나 그 꿀은 그가 처음 꿀을 따려고 길을 떠날 때 생각하고 있었던 꿀의 모습과는 전혀 다른 것이다. 문화 교류적 대화는 종종 새롭고, 때론 이상하고 놀랄 만한 문들을 열어 간다. 새로운 미래, 즉 처음에 얻으려고 노력했던 것과는 전혀 다를지라도 그것 역시 '꿀' 이다.

자유로움 안에서 다른 이야기를 경청하기

우리가 우리 자신의 문화 껍질 밖으로 나오려면 다른 사람들의 문화 껍질에 대한 정보와 지식 그 이상이 요구된다. 즉 다른 문화가 우리를 그들의 문화 공간으로 끌어 갈 수 있는 여지를 만들어 주어야 한다. 그 방법은 '듣기'인데 중용적 자세와 객관적 위치에서 듣는 것이 아니라 자발적으로 이야기에 동참하는 자세가 요구된다. 이야기에 동참한다는 것은 다른 문화의 시스템 속으로 들어가려는 협력적이고 감정이입적인 자세 없이는 불가능한 것이다.

감정이입이란 이해를 위해 '듣는' 것 그 이상이다. 이것은 다른 사람이 말하고 있는 것에 반응하기 위한 테크닉은 더더욱 아니다. 감정이입이란 자신을 지금 당신 앞에서 이야기하는 사람의 삶의 하나로 간주하는 것이고, 자신을 그 이야기에 밀어넣는 것이다. 이것은 그 이야기에 자신을 관련시키는 것이다. 감정이입 없이는 다른 사람과의 진솔한 만남은 이루어질 수 없다. 이야기를 들을 때 우리는 우리가 가지고 있는 작은 인식적 공간에서 모든 것을 이해하려고 시도한다. 왜냐하면 우리는 잘 모르는 다른 세계로 들어간다는 것을 두려워하고 불안해하는 경향이 있기 때문이다. 우리는 필히 우리 자신을 자유롭게 하여 이야기하고 있는 그 주체가 우리 자신을 자신들의 삶의 공간으로 끌고 들어갈 수 있도록 해야 한다.

한 남자가 자기 집 현관 앞에서 무릎을 꿇고 무엇인가 찾으며 이야기를 하고 있다. 그것을 본 보행자가 무엇을 하고 있느냐고 물었다.
남　자: "집 열쇠를 잃어 버려서 그걸 찾고 있는 중입니다."

보행인: "오라~ 내가 도와줄 테니 대충 어디서 잃어 버렸는지 말해 보시오."

남　자: "집 안에서 잃어 버렸소."

보행인: "아니, 그런데 왜 엉뚱하게 집 밖에서 열쇠를 찾고 있는 거요?"

남　자: "왜냐하면 여기서 훨씬 더 잘 보이니까요."

　우리는 문화 교류적 대화의 열쇠를 잃어 버렸다. 왜냐하면 우리는 자발적으로 다른 사람의 어둡고 아픈 이야기에 들어가려 하지 않기 때문이다. 만약 다른 사람의 경험을 경험하고자 하는 자발성이 없으면 우리는 감정이입이란 말 자체를 할 수 없다.

편견 알아차리기

　다른 사람의 문화 속으로 들어갈 수 있도록 자신을 자유롭게 한다는 것은 쉬운 일이 아니다. 우리의 인식은 대부분 선지식과 편견에 기반하고 있다는 것이다. 의미 있는 문화 교류적 대화를 위해 우리는 우리의 편견에 대해 가능한 한 정직해야 하는 것이 가장 급선무이고 주요한 것이다. 우리는 우리 자신에게 그리고 다른 사람에게 정직해야 한다. 정직함은 우리가 우리의 편견을 알아차릴 때부터 자연스럽게 시작된다. 진정한 '알아차리기'는 당신 자신을 인정하는 것이다. 당신이 편견을 가지고 있다는 것 자체를 말이다. 편견은 자연스럽게 고정관념의 형식으로 나타난다. 예를 들어, "목화자의 자녀는 버릇이 없다", "정치가 아버지를 둔 자녀는 반항적인 아이가 되는 것 이외에는 기대할 것이 없다", "흑인들 가정에는 자녀 규율이라는 것은 없다".

두 번째로 중요한 편견 '알아차리기'는 어디에든 사회·문화적 의사소통 방법이 있다는 것에서 시작된다. 이것이 대화를 위한 대화이고, 편견을 알아차리기 위한 대화다. 편견 알아차리기만 중요한 것이 아니라 편견을 '입 밖으로 내기' 또한 중요한 과제다. 이때 우리는 다른 사람에게 우리가 그들의 이야기를 들으면서 잘못된 이해를 교정할 수 있도록 기회를 주는 것이다.

이야기의 재해석

우리는 우리 주위에서 일어나는 모든 일에 대한 설명을 나름대로 가지고 있다. 가끔 이런 설명들은 깊은 생각이나 심사숙고를 통한 것이고, 또 가끔은 경솔한 결론들일 때도 있다. 어떤 때는 과학적이고, 또 어떤 때는 초등과학적인 편견일 수 있다. 이런 모든 설명들은 우리가 인정하는 그룹이나 사람들이 만들어 놓은 관점과 대부분 일치한다. 상담학자나 목회자 역시 상담 이론이나 종교적 실천을 위한 우리만의 설명들을 가지고 있다. 이 설명들을 위해 내가 가지고 있는 관점은 남아공에 있는 더치 리폼드 교회의 관점이 배태되어 있다. 우리가 우리 자신의 사이클 안에서 말하고 있는 역사는 그저 연대기적인 역사적 사건을 나열하는 것만이 아니라 우리 역사를 이야기하는 것을 통해 우리는 현재를 설명하고 이해시키려고 시도하는 것이다.

여러 그룹 속에서 이야기들이 우리의 해석과 설명에 의해 본질적으로 다르게 되는 한, 새로운 이야기를 구성할 수 있는 전망은 줄어든다. 그러기에 우리는 자발적으로 우리의 과거의 낡은 해석 방법을 새롭게 숙고해야 하며 적어도 지금의 해석 방법이 다른 사람의 해석과 타당성이 있는지 정도는 우리 자신에게 물어야 한다.

최소한 문화 교류적 방법 안에서 우리는 끊임없이 우리를 "자, 이제 과거는 잊고 단지 새로운 시작을 위해 노력합시다"라고 하고 싶은 유혹에 빠지지 않도록 해야만 한다. 과거는 절대 잊어버려서는 안 된다. 만약 잊어버리게 되면, 우리에게 미래를 향해 볼 수 있는 렌즈가 없어지는 것이다. 그리고 만약 '과거'라는 렌즈가 분명한 미래의 그림을 만들어 낼 수 없다면, 그 과거는 절대로 단순하게 우리의 기억 속에서 지워 버리면 안 되고 반드시 재해석되어야 한다. 완전한 기억 상실과 정체성은 양립할 수 없는 두 개념이다. 프로이드는 우리의 심적 건강의 약점이 바로 믿을 수 없는 우리의 기억이라고 주장했다.

어떤 것들에 대해 기억을 되살리는 것이란 우리가 지고 있는 엄청난 짐이다. 그러나 체코의 소설가 밀란 쿤데라(Milan Kundera)는 "짐이 버거우면 버거울수록 우리의 삶이 인간의 삶과 더 가깝고, 더욱더 그들은 현실적이고 진실한 사람이 된다"고 말했다. 상담가나 목회자에게 진실과 현실에 충실하는 것은 실천의 본질이다. 다른 사람들이 우리가 기억을 되살릴 수 있도록 도와줄 수 있는 여지를 만들어 줄 때, 그리고 우리가 서로 간에 우리 자신을 찾을 수 있는 범위 안에 새로운 재해석들을 해 나갈 때 우리는 진실과 현실에 충실하게 되는 것이다.

변화에 대한 도전

지금까지 이야기된 것들이 우리가 서로의 이야기를 대하는 데 있어

서로 간에 순수하고 천연적인 만남을 말하려고 하는 것으로 해석되어서는 절대로 안 된다. 우리의 모든 대화에서 건강한 '의심'과 '질문'은 정말로 중요한 것이다.

상담은 물론이거니와 복음이 변화에 대해 관여하듯이 목회적 조정 역시 항상 변화에 대해 관계해야 한다. 우리 자신들 그룹의 이야기들에 대해 얼마나 우리의 정체성이 강렬한지는 중요치 않다. 더욱 중요한 것은 우리는 항상 변화의 가능성을 염두에 두어야 하며, 우리의 정체성에 대해 손상을 입히는 해석일지라도 거기서 자유로워져야 한다는 것이다.

문화 교류적 대화에 대한 기대

꿀 이야기를 소개한 장에서 내가 문화 교류적 대화의 전체 주제를 놓고 씨름한 것은 이유가 있다. 우리는 꿀을 따라 길을 떠날 때 문화 교류적 대화를 실천함으로써 종종 꿀단지를 발견할 때가 있다. 문화들의 경계선을 넘어 이해하게 되는 참 맛이란 정말로 흥분이 되는 것이고 만족을 가져오는 것이다. 20세기 신학의 잘 알려져 있는 마틴 부버(Martin Buber)는 어떤 한 사건이 자신의 인생을 변화시켰다고 고백했다.[18] 그가 어린 소년일 때 그의 부모님은 이혼 후에 조부모님과 함께 살게 되었다. 조부모님과 살면서 동물들 먹이를 주는 것과 울타리를 청소하는 것 그리고 말들을 솔질해 주는 것이 그가 할 일이었다. 그가 열한 살 때의 일이다. 그는 가장 아끼는 말을 보살피는 일에 몰두하고 있었다. 그는

---

18) Harold S. Kushner, *When All You've Ever Wanted Isn't Enough*, London: Pan Books.

정말로 이 말을 타고 또 보살피는 일에서 즐거움을 찾고 있었다. 그 날도 부버는 자기가 좋아하는 말의 목을 쓰다듬고 있는 동안 자기도 모르는 이상한 기분이 자기를 엄습하는 것을 느꼈다. 그의 '알아차림'은 열한 살 난 소년이 말을 쓰다듬는 것이 자신에게 무엇과 같은 느낌인지를 '알아차린' 것과 사랑을 받고 있는 말의 느낌이 무엇일 거라는 이해를 할 수 있었던 것이다. 그 순간의 즐거움은 형용할 수 없는 것이었다─당신 자신의 본질(영혼)을 초월할 수 있는 것과 다른 창조물이 무엇을 경험하는지를 알 수 있는 즐거움이다. 어린 소년 부버에게 그 경험은 힘을 통한 경험, 즉 예를 들어 당신이 해야 할 무엇인가를 남에게 강제하여 그들이 하게 했을 때의 경험 이상으로 만족스러운 것이었다. 수 년 후, 부버의 모든 철학과 신학은 이 어린 시절의 경험을 바탕으로 축성되었다.[19]

부버가 자기의 말과 함께 경험한 것은 바로 감정이입의 기쁨이다. 이 기쁨은 다른 창조물이 당신을 자신의 삶으로 초대하는 것을 가능케 하는 것이며, 이것을 통하여 당신 자신의 삶 안에서의 성취도를 경험하는 것이다.

감정이입이란 자신을 제공하도록 요구하는 것이지만, 이것은 다른 세계로 들어가게 하는 참으로 기쁜 경험이다. 특히 당신이 당신 자신을 다른 세계의 문으로 끌어당겨지는 것을 허락하는 것이다. 토머스 머튼(Thomas Merton)은 시를 통해 이 경험을 아름답게 묘사하고 있다.

청트주와 후이 트주가
댐 곁의 하오 강을

---

19) Buber의 "Ich-Du" or "I-Thou" 철학.

건너고 있다.

청이 말했다.
봐라, 얼마나 자유롭게
물고기들이 튀어오르고 도약하는지
저것이 바로 그들의 행복이다.

후이가 되물었다.
네가 물고기가 아니기 때문에 그렇게 말한다.

무엇이 저들을 행복하게 하는지
어떻게 너는 알 수 있니?

청이 대답했다.
너는 내가 아닌데
무엇이 저들을 행복하게 하는지를
내가 모른다는 것을
어떻게 알 수 있니?

후이가 주장했다.
만약 네가 아닌 나는
네가 무엇을 아는지 알 수 없고
같은 이치로
물고기가 아닌 너는

그들이 무엇을 아는지 알 수 없단다.

청이 말했다.
잠깐만!
처음 질문으로
다시 돌아가 보자.

네가 나에게 물은 것은
"무엇이 물고기들을 행복하게 하는지
네가 어떻게 아느냐" 였다.

네 질문의 의미에서 보면
너는 명백하게 알고 있다는 것이지,
무엇이 물고기들을 행복하게 하는지를
내가 알고 있다는 것을.

그래
나는 안다,
강에 있는 물고기들의 기쁨을.
나의 기쁨을 통하여
내가 그들과 같은 강가를 따라 걸을 때.

제**4**장
해결점
더 나은 미래를 향해

밴다(Vanda) 부족의 우화(여행)

　옛날에 한 어린 소년이 어느 날 사랑하는 개 네 마리를 데리고 꿀을 따기 위해 집을 떠났습니다. 그리고 한 마리의 작고 아름다운 새가 이 소년의 길잡이가 되어 주었습니다. 염소들이 우글거리는 한 작은 우리에 소년이 막 도착하여 걸음을 멈추는 순간 새가 소리쳤습니다. "멈추지 마세요, 조금만 더 가 보면 더 좋은 것들이 있어요." 소년은 그 말을 믿고 좀더 앞으로 가 보았습니다. 새의 말은 사실이었습니다. 거기에는 몇 마리의 양들이 있었던 것이지요. 그러나 새는 또다시 소리쳤습니다. "멈추면 안 돼요. 이것들보다 더 좋은 것들이 조금 더 앞에 가면 있어요. 계속 가 보세요." 그래서 그 소년이 양들을 지나 더 앞으로 가 보니 거기에는 살진 소들이 외양간에 있었습니다. 그럼에도 불구하고 새는 좀더 가라고 소년을 다그쳤습니다. "앞에 더 좋은 것이 있으니 더 앞으로 가 보세요." 마침내 소년이 한 칸을 더 지나 보니 거기에 여러 오두막이 있었습니다. 그 중에 한 오두막 문을 열고 들어가 보니 아니, 이게 웬일입니까? 이가 네 개밖에 없는 노파가 갑자기 나타나서 소년을 죽이려고 하는 것이었습니다. 소년은 얼른 달려서 가까이에 있는 나무 위로 올라갔습니다. 그러나 노파는 몇 개 되지 않는 이로 나무의 기둥을 갉기 시작했습니다. 그때 소년의 건강한 세 마리의 개

가 번개같이 노파를 덮쳤습니다. 그러나 역부족이었습니다. 노파는 세 마리 모두를 찢어 죽였습니다. 그런데 이변이 일어났습니다. 노파가 세 마리 모두를 찢어 죽이는 동안 소년의 네 마리 개 중에 가장 연약한 절름발이 개 한 마리가 노파의 목을 물고 노파가 죽을 때까지 놓지 않는 것이었습니다. 결국 노파는 가장 약한 소년의 개에 의해 죽게 되었습니다. 마침내 소년은 나무에서 내려와 우리 속에 있던 모든 것을 가지고 집으로 돌아오게 되었습니다.

위의 이야기 속에서 눈에 띄는 역할을 하는 것은 '열린 미래'라는 개념이다. 나레이티브 방법의 정수는 바로 이 열린 미래에 있다. 만약 우리가 이야기들과 함께 한다면, 우리는 미래와 함께 하는 것이다. 이야기에 대한 일반적 느낌 중의 하나는, 이야기는 과거와 연관된 것이라고 생각하는 것이다. 그러나 이것은 부분적인 생각이다. 각각의 이야기는 과거에 대한 해석을 포함하고 있다. 이것은 연대기적인 것도 아니고 과거에 무슨 일이 있었느냐에 대한 번역본 같은 것도 아니다. 이것은 역사 혹은 해석된 연대기다. 이야기란 것은 '해석과 설명'으로 구성되어 있다. 그리고 사건과 사건 사이에 연결점들이 있고 인과관계를 찾는 시도가 있다.

그러면 왜 우리는 우리가 이야기하고 있는 과거 이야기에 대한 해석을 하려고 노력하는가? 왜냐하면 미래를 위해서다. 그러기에 우리가 이야기하는 이야기 안에서는 과거에 대한 이야기만이 아니라 미래에 대한 이야기에 대해서도 이미 언급하기 시작한 것이다. '이야기하기'(telling story)를 통하여 우리는 우리 자신의 자리를 확인하고 또 동시에 우리 자신에게 미래를 확인시켜 준다. 이야기들과 함께 우리는 우리의 포지션을 잡게 된다. 모든 과거의 이야기는 한편 어느 한 미래의 이야기인 것이다. 사실상 이것은 거의 명백히 드러나지 않는다. 이것은 과거의 이야기 표면 아래 감추어져 있다. 그러기에 상담가(therapist)의 과업 중의 하나는 과거로부터 미래를 파헤쳐 내는 데 있다.

리나와 쿠스 베커는 시골에서 온 커플이다. 그들은 20대 후반인데 이미 여덟 살과 여섯 살 난 자녀를 두고 있다. 리나는 열아홉 살 때 첫 아이를 가졌다. 이 임신이 그들로 하여금 결혼을 하게 만들었다. 그러나 지난 수 년 간 그들은 심각한 결혼 스트레스를 경험하고 있고, 그 스트레스의 이유는 대부분 그 둘 다가 결혼 생활 자체가 감금과 억압하는 듯한 느낌을 준다고 여긴다는 것이다. 그 둘 다가 아직 자유를 필요로 하고 있다고 생각하고, 둘 다 자신들의 환경에 의해 자신들의 젊음이 강탈당했다고 느끼고 있다. 여자를 향한 남자의 불만은 이렇다. 처음에는 몰랐는데 알고 보니 자신의 짝이 자기만큼이나 거친 여인이었다. 반면, 여자의 불만은 자신의 사회 활동보다는 아이 양육의 짐이 자신에게만 지워져 있다는 것이다. 기실 아버지로서 중요한 역할은 간 곳 없고 아버지의 책임이라는 위치보다는 자신의 친구들과 관계를 우선시하는 남편에 대한 불만이다. 그리고 파티가 있을 때마다 너무 많은 술을 마신다는 것이다.

그들이 나에게 들려준 자신들의 어린 시절 이야기는 전형적인 과거-미래형 이야기다. 아주 어릴 적 쿠스는 아버지와 낚시 원정을 다녔다고 한다. 그의 삼촌은 대부분 낚시에 같이 동행했으나 어머니는 늘 제외되었다. 그 때마다 두 남자는 엄청나게 술을 마셨다고 한다. 물론 그는 강조하기를, 아버지는 가족에게 무책임한 분이 아니었다고 한다. 그렇지만 다른 한편으론, 언제나 아버지와 함께 있으면 평안함을 느꼈다고 한다.

리나는 자신이 기억하고 있는 사건 중 이야기 하나를 나에게 들려주었다. 그녀가 네 살쯤 되었을 때의 일이다. 부모님과 어린이 댄스 발표회에 참석하고 집에 돌아오던 길에 차 안에서 그녀의 어머니와 아버지의 다툼이 시작되었다. 아버지는 당시 술에 많이 취하셨던 상태이고, 어머니는 그런 아버지와 말다툼 중에 아버지가 과거에 다른 여자와 바람 피웠던 이야기를 끄집어 내셨다. 아버지는 그날 밤 집을 나가 버리셨는데 얼마 후 집으로 다시 돌아오면서 다른 여자와 함께 오셨다. 그때 어머니는 허리 수술을 한 후 침상에 누워 계셨다. 리나는 이 이야기를 하면서 흐느꼈고, 쿠스는 이런 이야기를 리나에게서 전혀 들어본 적이 없는 것 같았다.

왜 리나는 이런 아픈 이야기를 했을까? 그녀는 이야기를 통해 미래를 향하고 있는 것이다. 그녀는 자신의 현재의 아픔을 이렇게 말하고 있다. 아직 자신은 자신의 어린 시절과 비슷한 환경에서 자신의 아이들을 기를 마음의 준비가 되어 있지 않았다는 것이다. 자신은 단 한 번도 자신처럼 아버지 없는 아이들을 키운다는 것은 상상해 본 적이 없었다고 한다. 그녀는 자신의 이야기를 말함으로써 과거에 자신에게 있었던 아픈 상처를 극복하고 새로운 인생의 막을 올리는 중인 것이다. 왜냐하면 그녀는 지금 자신의 미래를 생각하고 있는 것이기 때문이다. 그녀의 아픈 어린 시절 이야기는 미래를 만들어 가는 단초가 되고 있다.

쿠스의 낚시 이야기 또한 미래의 이야기다. 그는 자신의 아버지가 술은 많이 드셨으나 무책임한 분이 아니었던 것처럼, 자신 역시 때때로 술은 많이 마시지만 무책임한 가장은 되지 않을 것이라고 말한다. 그 역시 미래의 이야기를 가꾸어 나가는 데 열중하고 있는 것이다. 그는 비록 자신이 친구들과 빈둥거리고 다니지만 자신의 결혼 생활을 깨지 않고도 미래를 만들어 갈 수 있다고 생각하고 있다. 그의 이야기는 상담자인 나에게 하고자 하는 것이 아니라 바로 리나에게 하는 것이었다. 그의 이야기 속에는 리나에게 말하고자 하는 것이 있다. 바로 리나도 자신의 어머니 같기를 원하는 것이다. 남자들과 소년들이 낚시를 하러 갈 때, 자신의 어머님이 그러셨던 것처럼 자신의 여자도 집에 있는 것을 만족해하는 그런 여자이기를 원하는 것이다.

위의 두 이야기는 갈등적 미래의 이야기를 가꾸어 나가고 있는 것이다. 그러기에 그들의 미래 이야기의 연결점은 어두운 것이다. 이 이야기는 어느 한쪽에게도 자신들의 결혼 생활의 미래에 대한 동기 부여를 하지 못하고 있다. 그들은 미래에 대한 꿈을 꾸기가 어렵다. 왜냐하면 그들은 미래의 전체적인 윤곽 안에서 자신들을 그려 볼 수가 없기 때문이다.

희망 그리고 미래에 대한 상상

리나와 쿠수의 이야기와 같은 경우 상담을 위한 질문은 다음과 같다. 어떻게 그들에게 현재의 삶 안에서 변화를 가져올 수 있는 동기 부여를 할 수 있도록 자신들의 미래에 대해 전체적으로 볼 수 있게 할 수 있는가? 만약 개인의 미래가 불투명하게 보이고 어떤 형태로 비춰지지 않더라도 그 개인이 변화될 수 있는가? 답을 한마디로 말한다면 '불가능하다'는 것이다. 사람이 변할 수 있는 것은 미래의 심상(image)에 대한 동기 부여의 결과이기 때문이다. 개인의 삶에 변화를 불러일으키려면 필히 자신이 받아들일 수 있는 미래의 상황에 대한 이미지가 그려져야 한다. 자신이 받아들일 수 있는 상황이란 바로 자신이 변화 가능한 상황이다. 문제는, 만약 지금 우리가 가지고 있는 참고서(과거 이야기)가 자신의 미래를 향하여 문을 열고 있지 않다면, 어떻게 우리는 자신을 위한 더 나은 미래에 대해 상상 요법을 시작할 수 있느냐는 것이다. 이 문제에 대해 어떤 방법론들은 유아적인 모습(naive)을 가지고 있다. 그 이유는 만약 사람들이 더 나은 미래에 대해서만 꿈을 꾼다면 그들은 당장에 닥쳐온 문제는 해결할지 모르나 과거의 문제는 마치 카펫 아래 처박아 두는 것과 같고, 그 시도는 상상된 미래를 가지고 현재에서 벗어나려는 낭만적 방법과도 같기 때문이다.

  내 생각으로는 그러한 방법으로는 과거와 미래에 늘 존재하는 통일성을 충분히 설명하기가 어렵다. 이러한 방법은 암묵적으로 과거가 인생에 영향을 미치고 있는 힘을 부정하거나 과소평가하는 것이나 다름없다. 내가 이해하기로는 이러한 방법은 과거 안에서 모든 답을 찾으려는 방법론에 대한 반작용의 현상이다.[20] 예를 들면, 정신 분석 방법론 등은 오로지 과거에만 초점을 맞추고, 모든 문제의 해답을 과거에서만 찾으려 하기 때문에 과거와 미래 그리고 현재의 통전적인 접근이 어렵다.

  한 가지 다른 예로 단순하게 하나님의 약속된 미래만을 강조하는 기독교의 희망에 대한 개념 역시 마찬가지로 유아적인 접근법이다. 나는 지금 기독교의 희망에 대한 메시지를 가볍게 다루는 것이 아니요 무시하는 것은 더더욱 아니다. 단지 과거와 미래 그리고 현재를 통전하지 않

---

20) 역자 주: 다시 말한다면 하워드 크라인벨의 '성장 상담 이론' 과 같은 것을 말하며 과거 안에서 모든 답을 찾으려는 시도는 바로 '내적 치유 이론' 등을 말한다.

고 일방적으로 어느 한 시제와 시점만을 강조하는 것에 대한 문제 제기인 것이다. 사람들은 그저 하나님의 약속이란 기초를 가지고 도전 받고 권면된다. 그러나 성경에서의 희망이란 개념은 예수 그리스도의 과거 이야기 위에서 세워진다. 예수님의 이야기는 내가 제일 먼저 나의 과거 이야기와 대화하도록 돕는다.

'꿀을 찾아 나선 소년'의 이야기에 나오는 노파의 이야기는 과거가 어떻게 세상적인 것으로 우리를 공격하는지를 말해 주는 좋은 은유다. 예수님 이야기란 그분이 우리를 이 세상적인 것으로부터 구원함을 주셨다는 것이다. 그리고 우리는 이 구원함을 경험함으로써 희망이란 것이 무엇인지를 알게 된다. 이 구원함을 주신 이야기는 절대로 잊혀져서는 안 되고 더욱이 은폐되어서는 더더욱 안 된다. 그러면서도 다른 한편 끊임없이 재해석되어야 한다. 그럴 때에만 새 하늘과 새 땅에 대한 하나님의 약속은 나 자신이 지금 이 순간을 사는 나로서 그리고 지금 이 순간을 살면서 변화할 수 있도록 돕는다.

쿠스와 리나가 만약 자신들의 과거 이야기를 재해석할 수 있기만 했다면, 그들은 자신들의 걱정스러운 미래가 아니라 기대되는 미래에 대한 연구를 시작할 수도 있었을 것이다. 그 둘의 이야기에는 자신들의 과거에 대해 너무 많은 다른 사람에 대한 비난이 있는 반면, 자신에 대해서는 무죄(self-exoneration)라는 등식만이 존재한다. 리나는 자기의 아버지를 비난하고, 그러기에 자신의 남편 역시 비난하게 된다. 쿠스는 자신의 아버지에 대해 면책 특권을 부여하고, 그러기에 자신 역시 면책 특권이 있는 것이다. 만약 그들이 과거에 대해 다르게 이야기해야 한다면, 그들은 자신들의 과거의 이야기에 변화를 줄 것이다. 그리고 그때 발전적인 새로운 이야기가 창조될 가능성이 크다.

기독교의 희망에 대한 메시지 역시 구원 신학적 관점에서만 의미 있게 언급될 수 있다. 만약 그렇지 않으면, 기독교의 희망이란 것은 죽어서나 가능한 유토피아지 지금 현재를 살아가는 우리에게는 아무런 의미가 없는 것이다. 만약 희망이 구원과 동떨어진 것이라면 과거의 실체와 더불어 현재의 실체를 부정하는 것과 진배없다.

부정(denial)이란 것만이 지금까지 당신을 안내해 왔을 수 있다. 만약 당신이 너무 오랫동안 비전 없이 그리고 끊임없이 어떤 부정 속에 살았다면, 당신은 아마도 앞으로 절망이라는 구렁텅이에 빠질 것이다. 그렇게 되면 당신은 진부한 존재가 될 것이며, 모든 것에 대한 불투명한 목적성들이 당신의 삶을 덮쳐 버릴 것이다. '희망 없음' 이란 것이 당신의 삶의 주제가 될 것이다. 사람들이 '희망 없음' 이란 것에 의해 고통을 당할 때, 목회자나 상담가들은 위로라는 값싼 희망을 제공하고자 하는 유혹에 빠진다. 독일의 신학자 본 회퍼는 '값싼 은총' (cheap grace)이라는 개념으로 이런 현상을 설명한다. 그에 의하면 은총이란 값이 없지만 값비싼 것이다. 은총이란 값싸게 고통을 덜어 주기 위한 것이 아니다. 은총이란 희생이며 우리 전체를 드릴 것을 요구하는 것이다. 같은 이치로 어떤 사람이 값싼 동정적 희망을 말할 수 있다. 희망과 사랑, 희망과 행동 사이의 결속이 느슨해질 때 희망이란 것은 보잘것없는 것이 되어 버린다. 사랑이란 실제적인 사건과 연관을 맺는다. 즉 사랑이란 관계성과 연관이 있는 것이다. 만약 사랑이란 것이 다른 사람의 과거 이야기에서 상처를 받는다거나 이 이야기가 잘못된 이해나 부조화의 결과로 인해 고통스러운 것이라면, 희망이란 요법이 모든 아픈 상처에 만병통치약으로 사용되어서는 안 될 것이며, 안일한 생각으로 제공되어서도 안 될 것이다. 만약 그렇게 희망이란 것이 이용되면 도리어 희망이란 것이 부정적인 것을 강화하게 될 것이며, 결국 비전 결핍만 강화시킬 것이다.

그러기에 우리는 무가치한 희망을 이용하려 하지 말아야 한다. 그러면서도 희망 없이는 우리의 상담은 목회적 특성을 상실하게 된다. 목회 세계에서 가장 고통 받는 것 중의 하나가 '희망 없음' 이다. 희망 없음이란 목표가 없는 것보다 더 절망적인 것이다. 희망 없음은 절망을 포함하고 있는데, 절망이란 사람을 낙담(discourage)과 의기소침(depression)에 빠지게 하는 것이다. 중세 시대의 교회가 절망을 일곱 가지 치명적인 죄 중의 하나로 단언한 것은 의심할 나위 없이 맞는 것이다.

희망 없음이란 여러 가지 방법으로 나타날 수 있다. 이것은 '과도한 확신' (라틴어: praesumptio)의 한 형태로 나타날 수도 있다. 이런 삶에 대해 주제 넘는 자세는 분명히 기독교적 희망과 대별된다. 기독교적 희망은 유토피아적 이미지에 대한 고민이 아니다. 기독교적 희망은 현실에 두 발을 딛고 서 있다. 그러나 한편 기독교적 희망은 자신이 만들어 놓은 구조 속에서 "이것이 희망이다" 라고 확신적인 태도를 취하지 않는다. 당신이 '희망 없음' 이란 것에 직면했을 때, 혹은 당신이 당신 자신에게 해결책을 가지고 있다고 확신시키는 순간부터 당신은 당신 자신을 위한 바벨탑을 쌓고 싶어하는 유혹에 빠지는 것이다. 나는 종종 사람들이 자신들의 삶이 혼란 속에 빠져 살면서도 어떻게 그렇게 삶을 확신 있게 생각하는지 놀랄 때가 많다.

한번은 내 상담실에서 한 부부와 오랜 동안 그들의 문제를 이야기한 적이 있다. 아내가 18년 간 다른 남자와 부적절한 관계를 맺어 왔다는 사실을 그녀의 남편이 눈치챈 후 그 부부는 나를 찾아왔다. 이것은 분명 위기다. 그러나 처음부터 남편은 결혼 생활의 손상을 회복하기를 원했고 서로 협력할 의향을 내비쳤다. 시간이 흐를수록 그 마음은 더욱 분명히 드러났으나 문제는 값싼 방법에 의존하는 것이었다. 그는 자신에게 쉬운 방법만 찾았는데 바로 자신의 행동들에 대한 중대함은 깨달지 못하는 것이었다. 그는 가슴에서 우러나오는 고백과 회개 없이 모든 것을 제자리로 돌려놓고 싶어했다. 그의 확신적인 자세는 그저 절망을 부채질하는 결과만 가져올 것이며, 또한 부정의 한 형태로 나타나는 것이다.

'희망 없음'의 다른 모습은 과도한 확신(praesumptio)의 반대인 '자포자기'(desperatio)다. 완전한 마비 상태의 자포자기는 한 인간을 감금할 수 있다. 과도한 확신이 자신의 값싼 해결책에 기대를 걸고 하나님을 부정하려는 시도라 한다면, 자포자기란 하나님[21]께로부터 오는 해결책에 아무런 기대를 걸지 않고 하나님을 부정하려는 시도다. 진정한 희망이란 모든 것을 하나님께 의지하고 기대하는 것이다. 당신이 만약 하나님께 모든 것을 의지하고 기대한다면 당신은 두 가지를 할 것이다. 바로 기다림과 행동이다.

기독교의 희망은 쉽게 그리고 간단하게 해결책을 제시하지 않는다. 위에서 언급한 과도한 확신이나 자포자기는 쉬운 길을 찾으려는 시도다. 전자는 죄의 실체를 고려의 대상에서 제외한 것이고 후자는 하나님의 실체를 고려하지 않는 삶이다. 기독교의 희망은 실제적이면서도 믿음이 가득 차 있는 것이다. 기독교의 희망은 죄의 실체를 고려함과 더불어 해결을 위해 하나님의 뜻을 기다리는 것이다. 동시에 기독교의 희망

---

21) 역자 주: 필자가 말하는 '하나님'을 꼭 종교적인 신으로 생각할 필요는 없다. 내가 이 책을 번역하면서 이 책이 기독교 대중에게만 맞춰진 것인지 아니면 일반 상담가에게도 적용되는 것인지를 물었을 때, 그는 자신의 표현 속에 나오는 기독교적 용어들은 단지 자신의 정체성을 표현하는 것일 뿐이라는 사실을 명확히 했다.

은 새로운 시작을 우리의 삶에 가져오시는 하나님의 실체를 인정하는 것이다. 그러기에 기독교의 희망은 절대로 '희망 없음'이란 없다.

이것은 역설적인 말인데, 기독교인이 된다는 것은 참을성과 즉각적 행동이 동시에 요구된다. 아무것도 하지 않으려는 것과 모든 것을 하려는 것, 기다림과 동시에 무엇인가 하려고 당신의 손을 내미는 것이다. 삶에 대한 믿음의 상실은 위와 같은 역설을 거부하는 것이고, 모든 것을 자신의 것으로 하려고 하든지 아니면 모든 것을 포기하려는 것이다.

값싼 답이나 즉석의 조언을 주려고 하는 것은 절대로 상담이나 목회에서 일부분도 되어서는 안 된다. 상담적인 상황은 필히 하나님의 계획하심을 기다리는 실습의 장이 되어야 한다. 꿀을 따라 나선 소년의 우화에 나오는 다른 건강한 모든 개가 죽임을 당한 반면, 보잘것없어 보이는 절름발이 개가 소년을 살려내는 의외의 역할을 한 것처럼, 하나님께서 우리의 약한 부분을 들어 움직이시는 것을 기다리는 것과 그분의 놀라운 섭리 안에서 새로운 것을 가져오시려는 그분을 기다리는 연습을 해야 한다.

제5장
장애물 _{노파}

밴다(Vanda) 부족의 우화(여행)

옛날에 한 어린 소년이 어느 날 사랑하는 개 네 마리와 꿀을 따로 집을 떠났습니다 … 오두막이 있는데 그 중 한 오두막 문을 열고 들어가니 아니, 이게 웬일입니까? 이가 네 개밖에 없는 노파가 갑자기 나타나서 소년을 죽이려고 하는 것이었습니다. 소년은 죽어라 달려서 한 나무 위로 잽싸게 올라갔습니다. 그러나 노파는 몇 안 되는 이빨을 가지고도 나무의 기둥을 갉기 시작했습니다. 그때 소년의 건강한 세 마리의 개가 번개같이 노파를 덮쳤습니다. 그러나 역부족이었습니다. 노파는 세 마리를 모두 찢어 죽였습니다. 그런데 이변이 일어났습니다. 노파가 세 마리를 모두 찢어 죽이는 동안 소년의 네 마리 개 중 가장 연약한 절름발이 개 한 마리가 노파의 목을 물고 노파가 죽을 때까지 놓지 않는 것이었습니다. 결국 노파는 가장 약한 소년의 개에게 죽게 되었습니다. 마침내 소년은 나무에서 내려와 우리 속에 있던 모든 것들을 가지고 집으로 돌아오게 되었습니다.

위기(Crises)

위의 우화에 나오는 노파는 현실이다. 당신 자신이 뭔가 진전을 이룬다고 느낄 때, 당신이 위기에 봉착하는 경험을 하는 것은 삶의 공통된 경향이다. 이때 사람들은 목회자에게 도움을 요청하는 것이다.

위기 이론에서 보면 객관적인 위기란 존재하지 않는다. 위기란 언제나 주관적이다. 그러기에 우리의 질문은 "어떤 일이 발생했나?" 즉 사건 그 자체가 아니라, 사건들이 발생한 후 우리가 이야기하는 위기의 이야기(the story of crises) 즉 사건 이후에 해석된 것과 연관된 것들이 위기라고 명명된다. 왜냐하면 사람들은 같은 사건들에 의해 모두 같은 영향을 받지 않기 때문이다. 그것은 우리의 일상이 증명해 주고 있다. 위기의 범위는 사건들이 어떻게 해석되느냐에 따라 규정되기 때문이다. 나레이티브 관점에서 보면 위기라는 것은 개인에 의해 자신만의 유일한 이야기가 된 것이다. 이야기를 사용하는 것은 당신의 기억력을 환기시키는 것이고 당신이 자신에게 일어나고 있는 일에 대해 해석 작업을 하는 것이다. 당신은 사건들에 대해 이야기를 한다. 그리고 이것은 다시 위기와 관련하여 당신의 미래의 이야기에 영향을 미친다.

꿀을 찾아 나선 소년의 이야기 속에서 소년이 처한 위기의 핵심은 노파가 나타난 그 자체가 아니라 소년이 위기에 대처하려고 했던 계획이 성공하지 않았을 때다. 소년의 해결책은 그 노파에 의해 좌절되고 그저 나무 위로 올라가는 것이었다. 그러나 그것마저도 그 해결책이 되지 못한다는 것이 증명되었다. 왜냐하면 그 노파가 소년이 올라간 나무를 갉아 버렸기 때문이다. 나무 위에 있는 소년의 높은 위치는 고정화된 것으로 묘사될 수 있다. 고정화된 것은 막다른 골목에 서 있는 이야기와 같다. 당신의 해결책들이 더 이상 효과적이지 않을 때, 당신은 막다른 해결책에 봉착하게 된다.

얼마 전에 나는 가족과 함께 하이킹을 갔는데 조그만 개울을 건너야

했다. 그때 우리의 유일한 방법은 징검다리를 이용하는 것이었다. 돌과 돌 사이를 밟으며 가다가 나는 위기감을 느꼈다. 이유는 모르겠지만 어떤 한 시점에서 나는 앞에 돌을 밟기도 어렵고 되돌아갈 수도 없는 처지에 놓여 있었다. 나는 좌초된 것이다. 나의 미래도 과거도 잘려 나간 것이다. 이것이 위기다. 나무 위에 있는 소년 역시 비슷한 상황이다. 소년은 뒤로도 앞으로도 나가지 못할 상황인 것이다. 과거의 이야기가 미래의 이야기로 발전하지 못하는 것이 위기다.

사람들은 자신들이 위기에 서 있다는 것을 발견하게 된다. 뒤에 있는 돌은 너무 멀리 있고, 앞에 있는 돌은 다다를 수 없는 곳에 있다. 이 장을 쓰고 있을 때 위난드와 마르나가 나를 방문했다. 상담이 무르익던 중 우리의 대화는 부부의 성생활 쪽으로 옮겨졌다. 그들 둘은 서로 사랑했지만 성적 만족을 느끼지 못하고 있었다. 마르나의 이야기에는 성적 학대가 숨겨져 있었다. 그녀가 여섯 살 때 오빠의 친구(17살)가 어린 아이였던 자신에게 성적 폭행을 가했던 것이다. 그녀의 오빠 친구는 수 년간 그녀에게 그런 몹쓸 짓을 했다. 마르나의 처지는 개울 중간에 앉아 오도 가도 못하는 사람의 처지와 비슷한 것이었다. 그녀의 과거의 이야기는 뒤에 있는 징검다리 돌과도 같은 것이었다. 그녀는 모든 것을 기억하고 있었다. 그러나 그녀를 위한 발판이 그녀 앞에는 없었다. 그녀의 미래에 대한 이야기, 즉 만족스러운 부부관계는 바로 앞에 놓여진 징검다리 돌이지만 다다르기가 힘든 것이었다.

과거와 미래의 갈등 구조는 자주 거대한 사회 문화적 이야기에 의해 영향을 받을 때가 많다. 존 레어드(Joan Laird)는 말하기를, 각각의 사회 문화적 이야기는 전체 문화를 통제하는 가치 구조를 특징짓는다고 했다.[22] 어느 한 문화적 컨텍스트 안에서 회자되는 이야기들은 그 공동체의 가치들이고 신념 체계다. 이러한 것들이 개인의 중요한 문제들에 대한 관점을 잡는 데 큰 영향을 미치는 것이다. 예를 들자면 남자와 여자의 역할 구분을 들 수 있다. 많은 전해 내려오는 이야기들로 구성된 거대한 사회 문화적 이야기는 우리의 삶에서 중요한 열쇠가 되는 것들에 대한 생각들을 체계화하는 데 영향을 미친다. 예를 들면, 무엇이 결혼 생활을 행복하게 만드느냐는 것과 같은 것이다. 이 시대에는 대중 매체, 특히 텔레비전이 사회 문화적 이야기를 이끌어 가고 있다. 이런 상업화된 문화 속에서 이상적인 형태라는 이름으로 성 문화가 전파되고 있는 현실이다. 성 생활이란 거친 사회 생활에서 벗어난 여유로운 휴가의 분위기와 같은 것이라든지, 아니면 사람들은 언제나 섹스를 갈망하고 섹스를 할 준비가 되어 있다는 것 등이 그것이다. 마르나와 위난드의 부부의 성 생활의 힘겨운 현실은 이렇게 상업화된 이미지와는 거리가 멀다. 다른 관점에서 보면, 이 둘의 성 생활은 그리 나쁜 것이 아니다. 그러나 그들의 사회 문화적 이야기는 가부장적 사회 속에 성을 강조하고 있는 것이다. 여자들은 가정 안에서 평화로운 삶을 사는 사람들이고, 한 남자의 아내는 마치 사냥에서 돌아오는 남편의 성적 만족을 위해 항상 준비되어 있어야 하는 것이다. 그러나 마르나와 위난드의 현실은 이런 이야기와는 거리가 있다. 그들만의 이야기와 사회 문화적 이야기의 불연속성은 그들의 미래의 이야기를 안개 속에 밀어넣는 결과를 가져왔다. 그렇기 때문에 그들은 그들 자신에게서 위기를 발견한 것이다.

　이런 위기 상황에서 상담가나 목회자는 무엇을 할 수 있는가? 꿀을 찾아 나선 소년의 이야기에서 소년을 인도하던 새는 이 시점에서 사라져

---

22) Laird, J. 1991. "Woman and Stories: Restorying Women's Self-Constructions". In M McGoldrick, et al. (eds), *Woman and Families: A Framework for Family Therapy*. New York: Norton.

버렸다. 새는 자신의 역할을 완수했고, 개들이 그 역을 맡을 차례다. 같은 이치로 상담가나 목회자가 내담자의 위기를 대처할 해결책을 찾는데 자신이 기여할 수 있는 것이 제한되어 있다는 점을 깨닫는다는 것은 좋은 현상이다. 상담가나 목회자의 가장 큰 잘못 중의 하나를 지적하라고 한다면 자신들이 다른 사람의 삶에 해답을 주려고 한다는 것이고, 그 해답이 자신에게 달려 있다고 착각하는 것이다.

그러나 나레이티브 상담가는 단지 개울 중간에서 징검다리 돌에 서서 오도 가도 못하고 서 있는 사람들과 함께 서 있는 것이 자신의 과제임을 분명하게 인식하고 있어야 한다. 과거를 이야기할 수 있도록 돕고, 그들과 함께 하는 것, 그리고 좀더 창조적인 방법으로 다시 이야기할 수 있도록 돕는 것 등을 통해서, 우리는 우리 뒤에 있는 징검다리 돌을 문자적으로 말함으로써 뒤에 있는 돌을 좀더 닿기 쉬운 곳으로 옮길 수 있는 것이다. 계속적으로 과거의 이야기를 하고 또다시 재해석해 보는 작업을 통해 우리는 흔들거리는 징검다리 돌을 발판이 될 만한 돌로 바꿀 수 있도록 돕는 것이다. 마르나의 과거 이야기는 그녀를 눈물의 강으로 삼켜 버리려 하고 있다. 그런데도 그녀는 그 눈물의 강 한복판에서 발판을 찾지 못하고 있는 것이다. 이 상황이 그녀의 결혼 생활을 파괴하고 있는 것이다. 만약 이 상황에서 상담가나 목회자가 다른 관점에서 이야기할 수 있도록 도움이 된다면…. 만약 그녀가 다른 방향에서 자신의 이야기를 설명할 수 있다면…. 이들의 부부 이야기는 단순하게 한 사람의 이야기 이상을 뛰어넘어 버렸다. 왜냐하면 위나드가 자신의 아내를 만나기 전의 과거에는 자기 아내의 과거 이야기와는 전혀 별개의 삶이었을 텐데도 지금 그는 아내 이야기의 부분이 되어 있기 때문이다. 지금 그의 삶의 이야기 역시 그녀의 과거와 연관된 이야기를 가지고 있기 때문이다. 필시 그의 현재 이야기는 자기 아내의 과거에 대한 이야기이고 자기 아내의 과거의 이야기는 거대한 사회 문화적 이야기에 의해 문제라고 낙인된(problem saturated) 이야기가 되어 버렸다. 여기서 그렇다면 왜 그들이 신혼 때는 모든 것이 순조로웠는지를 묻지 않을 수 없다.

내가 여기서 지적하고 싶은 것은 상담가나 목회자가 자기 자신을 절대로 뭔가 특별한 해결책을 줄 수 있는 사람으로 착각해서는 안 된다는 것이다. 목회자나 상담가가 아무리 전문가라고는 할지라도 사람들의 문제는 접근하기 쉽지 않은 거리를 가지고 있다는 것을 항상 명심해야 한다. 해결책은 우화 속에 나오는 건강한 개(전문가의 해결책)가 아니라 별 볼일 없게만 여겨졌던 절름발이 개(내담자들 스스로가 제시하는 해결책) 없이는 발견될 수 없다. 이야기의 주인공들이 제시하지 않은 것이나 혹은 그 주인공들의 아이디어가 빠진 해결책은 그리 적용할 만한 것이 아니라는 것을 명심해야 한다. 마치 개울 한가운데서 뒤뚱거리는 징검다리 돌 위에 서 있던 사람들이 자신들 스스로 발판을 찾아 안정되게 설 수 있는 것이나 마찬가지다.

만약 사람들이 자신들로부터 어떻게 문제에 대처할 수 있는지를 찾아내지 못하면 그들의 미래는 어떻게 될까? 그때 그들이 자신들의 삶 속 어딘가에 있는 절름발이 개를 다시 찾아보도록 돕는 것이 우리의 할 일이다. 우화 속에서 보면 명백한 해결책은 건강한 세 마리의 개들인 것처럼 보인다. 그러나 그들은 모두 해결책이 되지 못했다. 그와 같이 사람들이 고정관념 속에 사로잡혀 "이것이 해결책이다"라고 쉽게 단정짓고 생각하는 것들이 꼭 그들의 희망적 미래의 해결책이 아니라는 것을 발견할 수 있도록 돕는 것도 우리의 과제다.

마르나와 위나드의 경우에, 그들의 문제를 해결하기 위해서는 마르나가 개인 치유 상담을 받는 것이 마치 명백한 해결책처럼 보일 수 있다. 실제로 위나드가 나를 만났을 때 처음 한 말은 "마르나가 심리 치료를 받을 필요가 있다"는 것이었다. 자신의 부부생활의 해결책은 자기 아내가 꼭 전문가의 도움이 필요하다고 여기는 것이고, 그럴 때 자기 아내는 어두운 과거에서 벗어날 수 있다고 생각했다. 마르나 역시 같은 생각을 가지고 있었다. 그러나 나는 그의 해결책을 의심하지 않을 수 없었다. 그러므로 나는 그들에게 다시 한 번 생각하기를 권했다. 자신들이 생각한 '전문가의 도움'이라는 해결책이 그들에게 분명한 방법이 아닐 수도 있다는 것을, 그리고 더욱 강력한 해결책이 자신들 속에 있을 수 있다는 여지를 남겨 두기를 원했다. 그들은 자신들의 삶의 구조와 시스템 속에서 절름발이 개를 찾아야 한다.

아주 천천히 그들이 생각한 전문가의 도움이라는 해결책이 자신들에게 별로 신통치 않게 작용한다는 사실을 위나드가 의식하게 되었다. 그들은 나를 찾아오기 수 년 전에 전문가를 찾아간 적이 있었다고 한다. 그 치유 상담가는 마르나에게 상당한 상담 과정을 이수케 했다. 그리고 마르나가 과거로부터 빠져 나오도록 몇 가지 전문가적 견해를 가지고 해결책을 제시했다고 한다. 문제는 제시된 해결책이 그 때는 유용한 듯했으나 실제적으로 도움이 안 되었다는 것이다. 왜 안 되었을까? 왜냐하면 분명하고 확실한 것으로 보이던 해결책은, 절름발이 개가 나타날 때까지 인내하며 기다리기보다는 너무 성급하게 결과물을 만들어 내려 했기 때문이다.

일반적이고 대중적인 생각과 방법론들은 위기를 해결하는 것은 빠르면 빠를수록 좋다고 본다. 그러기에 대중적인 책들은 가장 빠른 선택과 방법들을 다루면서 우화 속의 소년이 그러했던 것처럼 그저 나무 위로 올라가는 선택을 방법론으로, 해결책으로 내놓고 있다. 노파가 나타났을 때 소년에게는 물론 가장 빠르고 가까운 해결책은 나무 위로 기어올라가는 것이었다. 많은 치유 상담가들은 가장 크고 높은 나무들에 대한 조언을 베푸는(?) 것 이외에 그 이상으로 넓히려 하고 있지 않다. 상업화된 심리학적 제공에서는 일개인의 과거가 진지하게 다루어지지 않고 있다. 그와 같은 책들과 잡지들은 대부분 빠른 해결책들에 대해서만 언급하고 있으며 상업적 동기에서 쓰여진 것들이 많다. 그 책들이나 잡지들이 제시한 해결책들이 도움이 되지 않는다는 것이 증명되었을 때는 이미 그 책들과 잡지들은 팔려 나간 상태이고, 상담가들은 자기 주머니에 돈을 챙긴 후가 될 것이다.

성경은 위기 대처에 대해 어떤 접근이 필요한지를 말하고 있다. 성경에서는 위기가 항상 나쁘게 표현되고 있지 않고 도리어 성화에 이르는 길이기도 하다. 요한복음 1:2-4을 보면 누군가가 반대자들에게 고통을 당하고 있다면 그는 기뻐하라고 한다. 왜냐하면 그 고통은 믿음을 더욱 견고케 하고 풍부케 하는 과정이기 때문이다. 절대로 위기는 가능한 한 빨리 없어져야 할 그 무엇이 아니다. 위기는 우리의 삶에 또 다른 도구로 이용되어야 한다. 그렇기 때문에 해결책은 '그 세 마리의 개'에 의존하는 것이 아니라 '절름발이 개'를 기다리는 것이어야 한다.

상담가나 목회자는 사람들의 가장 깊은 아픔과 실존적 필요를 돕도록 불림 받은 사람들이다. 우리에게 잘 알려진 시편 103편은 우리에게 사람들의 가장 깊은 심연 속에는 죄와 숙명적 죽음이 자리하고 있다고 가르쳐 준다. 모든 가능성 속에서 대부분의(만약 모두가 아니라면) 인간의 문제들은 이 두 가지 이슈에서 기인한다. 시편 103편은 우리의 질문들과 우리의 죄와 숙명적인 죽음에 관한 고뇌들에 대해 언급하고 있다.

103:1-5은 서론 격이자 전체를 요약하고 있는 것으로서 위에 언급한 두 가지 문제를 다루면서 시편의 나머지 절에까지 이 이슈들을 언급하고 있다. 6-13절에서는 죄 문제를, 그리고 14-19절에서는 죽음의 문제를 다루고 있다.

월터 브루거만(Walter Brueggemann)[23]은 인간의 경험을 이성화시켜서 은폐하려는 우리의 모습과는 다르게 시편은 정직하고 자유롭게 표현하고 있다고 말하고 있다. 우리는 우리의 느낌을 표현하기 위해 언어를 사용한다. 언어와 함께 표현하는 것만이 아니라 조화가 잘 이루어진 우리 자신의 느낌을 창조하려고 한다. 왜냐하면 사실 이러한 행위는 우리가 잘못된 길로 들어선 것에 대한 고백을 하고자 하는 갈등의 다른 표현이기 때문이다. 우리는 자신의 불안전함을 쉽게 고백하기가 어렵다. 그보다는 자신의 온전한 모습을 창작하기를 더 좋아한다. 브루거만은 시편 저자들에 대해 그들은 보통의 삶을 사는 사람들, 즉 삶의 가장 밑바탕을 이루고 있는 것들, 작은 상처에도 민감하고, 소박한 열정과 때론 조잡한 우쭐댐에 만족해하는 사람들이 기도했던 것들이라고 말하고 있다.

우리가 우리의 자유를 빼앗겼을 때, 그리고 우리가 상처를 받든지 아픔을 겪을 때 우리는 시편 103편의 가르침을 이해하기 시작할 것이다. 시편 기자가 "나의 영혼아, 주님을 찬양하라"는 말로 자신의 기도를 시작하고 끝마쳤을 때, 그의 기도는 자신의 연약함으로부터 시작했지 강함으로부터 시작하지 않았다. 그의 기도에는 지치고 아프다는 것이 진정 무엇인지 아는 사람의 가슴이 그대로 녹아져 있다. 그러기에 그는 젊음의 활기와 치유에 대해 노래할 수 있었다. 그는 하나님의 진노에 대해

---

[23] Brueggemann, W. 1989. *Praying the Psalms*. Winona, Minnesota: Saint Mary's Press.

서도 알기에 하나님이 언제까지 당신의 진노를 담고 계시지 않는다는 것을 노래할 수 있었다.

이 시는 찬양의 노래를 하고 있지 않다. 왜냐하면 그는 진솔하게 자신의 일탈과 죄의 문제를 드러냈기 때문이다. 또한 그는 자신의 죽음의 문제와 공포를 끊을 수 있는 방법을 찾아냈다. 그는 치유적인 답들을 찾아 가지 않았다. 단지 그의 죄 문제와 고뇌 속에서 그는 그의 일탈을 서쪽에서 동쪽으로 옮기는 것처럼 자신을 옮겨 놓으시고 자신의 숙명을 연민과 사랑 그리고 은총으로 덮으시는 하나님을 발견한 것이다.

시편은 답을 제공하려고 쓰여진 것이 아니다. 단지 문학적 텍스트이고 노래이며 기도다. 목회자 역시 답을 제공하려고 하는 사람을 의미하지 않는다. 단지 그들은 사람들이 기도하고 노래할 수 있도록 초대하는 역을 맡은 자들이다. 상담 상황에서도 비슷하다. 우리는 문제들을 가능한 한 빨리 해결하려고 시도하기보다는 필히 주님의 음성을 기다리는 것을 먼저 배워야 한다. 그러기에 목회자나 상담가가 항상 옳다거나 전문적으로 대단한 무엇인가를 가지고 있어야 한다는 생각을 할 필요는 없다.

우리는 위기 없이 우리의 인생 여정의 종착점에 다다를 수 없다. 위기를 통해서만 우리는 결정적으로 더 나은 미래에 도달할 수 있는 것이다. 꿀을 따라 나선 소년에게 노파는 위기였으나 결국 그 노파로 인해 소년은 더 나은 꿀을 얻을 수 있었던 것이다. 이와 같이 위기는 우리에게 충분한 가치를 부여한다. 그러기에 우리 목회자들과 믿음의 도우미들은 값싸게 내놓는 해결책들을 취하려 한다든지 제공하려는 유혹을 필히 자제하고 삼가야 한다.

제6장
거짓된 희망
세 마리의 건강한 개들

밴다(Vanda) 부족의 우화(여행)

　옛날에 한 어린 소년이 어느 날 사랑하는 개 네 마리와 꿀을 따러 집을 떠났습니다 … 오두막이 있는데 그 중 한 오두막 문을 열고 들어가니 아니, 이게 웬일입니까? 이가 네 개밖에 없는 노파가 갑자기 나타나서 소년을 죽이려고 하는 것이었습니다. 소년은 죽어라 달려서 한 나무 위로 잽싸게 올라갔습니다. 그러나 노파는 몇 개 안 되는 이빨을 가지고도 나무의 기둥을 갉기 시작했습니다. 그때 소년의 건강한 세 마리의 개가 번개같이 노파를 덮쳤습니다. 그러나 역부족이었습니다. 노파는 세 마리를 모두 찢어 죽였습니다. 그런데 이변이 일어났습니다. 노파가 세 마리를 모두 찢어 죽이는 동안 소년의 네 마리의 개 중 가장 연약한 절름발이 개 한 마리가 노파의 목을 물고 노파가 죽을 때까지 놓지 않는 것이었습니다. 결국 노파는 가장 약한 소년의 개에게 죽게 되었습니다. 마침내 소년은 나무에서 내려와 우리 속에 있던 모든 것들을 가지고 집으로 돌아오게 되었습니다.

　소년의 기대치와 희망을 걸었던 세 마리의 건강한 개들은 소년의 위기 상황에서 전혀 가치가 없었다.

상담에서도 수많은 건강한 개들이 해결책으로서 제안되는 것을 볼 수 있다. 언제든지 누군가가 당신에게 새로운 방법론을 제안하면 당신이 꼭 알아야 할 것은 당신이 지금 세 마리의 건강한 개들을 제시받았는지 숙고해야 한다는 것이다. 도처에 '기적과 같은 해결책'이라고 하는 것들이 널려 있다. 그러나 별 효과가 없음도 곧 드러날 때가 많다. 상담과 목회 세계에서도 이러한 일이 일어나고 있음을 명심하기 바란다.

나는 자신의 특별한 해결책들을 파는 잡상인들과 때론 자신들의 상품에 대한 열정적인 신념을 가진 노점상들을 많이 만나 보았다. 예를 들면, 관계 분석(Transactional Analysis: TA), 최면요법(Hypnotherapy) 이라든지, 아니면 수면요법(Sleep Therapy)과 같은 것들이다. 혹은 기도 만능주의나 성경의 훈계를 통해 모든 내적 치유가 가능하다고 단순화해 버리는 것이다. 어떤 사람들은 시스템 이론이 확실한 답을 제공한다고 생각하고 있다. 그러나 이것 또한 사탄의 세력의 축출과 그로부터의 해방은 전혀 언급하고 있지 않다.

이와 같은 방법론들이 얼마나 진실되고 궁극적인 해결책을 포함하고 있는지를 논하고자 하는 것이 아니다. 다만 이런 것들이 마치 '세 마리의 건강한 개들'처럼 기대했던 결과물이 없음에도 불구하고 가장 효과적이고 건강한 방법인 것처럼 선전되고 있다는 것에 대해 말하고 싶을 뿐이다. 사실 표면적으로는 많은 방법론들이 건강한 것처럼 보인다. 그러나 그런 방법론들이 실제적으로는 온전하게 기대치를 채워 주지 않는다. 좀더 정확히 말해서 너무 많은 기대치를 그것들에게 기대하고 있는 것이다. 만약 당신이 당신의 모든 희망을 어떤 특별한 해결책에 기대하고 있다면 당신은 조만간 실망을 하게 될 것이다. 왜냐하면 삶과 인간관계들은 가볍고 단순하게 설명되기는 너무 복잡 난해하기 때문이다.

그렇기 때문에 나레이티브 접근 방식조차도 세 마리의 건강한 개들 중의 하나로 여겨야 함이 마땅하다. 내가 나레이티브 처방(Method)이 아닌 접근 방식(approach)이라 한 것도 이런 연유에서다. 나레이티브 접근 방식은 현실 인식론(epistemology of reality)과 현실에 대한 접근 방식에 관한 것이라 할 수 있다. 그러기에 이것은 처방이 아니다. 이것은 쉬운 해결책을 제안하기 위함이 아닌 것이다.

나레이티브 접근 방식은 허위적이고 허세적인 가능성들과는 거리를 두려고 애를 쓴다. 그러나 이 방법에는 아직 발달하지 않은 가능성들에 대해서 매우 민감한 센서가 있다. 아주 가까이에 있는 해결책은 진정한 해결책이 아니다. 만약 이런 것들이 해결책으로 제시된다면, 사람들은 결코 도움을 찾지 않을 것이다. 사람들은 목회자나 상담가의 의견에 진지하게 귀를 기울인다. 왜냐하면 겉보기에는 분명한 해결책들이 별 도움이 되지 않음을 느꼈기 때문이다. 따라서 나레이티브 상담가는 해결책이나 혹은 조언을 제시하는 것을 극도로 조심한다. 해결책을 빨리 찾는 일은 세 마리의 건강한 개와 같은 '희망 없음' 과 비슷한 것이다.

나레이티브 접근법을 실천하는 상담가들은 사람들의 이야기를 아주 진지하고 정직한 자세로 접근해야 한다. 이야기들은 이야기되어져야 한다. 왜냐하면 해결책들은 책들이나 이론에서 나오는 것이 아니라 그 이야기의 주인공들의 삶, 즉 이야기와 그들 자신만의 시스템에서 발견되기 때문이다.

나레이티브 목회자 역시 해결책을 찾아 나서는 데 있어 다른 곳이 아니라 바로 자신의 동무(내담자)의 이야기에서 찾는다. 호주의 유명한 나레이티브 상담가 미셸 화이트(Michael White)는 자신의 내담자가 자신의 이야기에서 무엇인가를 찾아냈든지 아니면 바른 방법을 찾는 데 성공한 것을 '독특한 수확물'(unique outcomes)이란 개념으로 규정하고 있다. 중요한 점은 사람들이 자신들의 삶이 다른 어떤 것에 의해(예를 들면, 사회 문화적 담론) 문제라고 규정되고 있는 사실들(담론)은 변화 가능성을 가지고 있다는 것을 인식하는 것이 선행되어야 한다는 것이다. 그리고 그 변화의 해결책은 바로 자신들만의 시스템 안에 있다는 것을 인식해야 한다는 것이다. 나레이티브 목회 상담가는 마치 탐험을 하듯 끊임없이 내담자 어디엔가 숨어 있는 잠재성을 찾아야 한다.

어떤 사람들은 항상 옳은 판단을 하고 어떤 사람들은 늘 그릇된 일만 한다는 것은 나레이티브에서 받아들이기 힘든 생각이다. 모든 사람들의 삶에는, 비록 자신들의 문제에 허우적거리고 있는 사람까지도, 정도의 차이는 있을지라도 필히 옳은 결정과 판단 그리고 긍정적인 행동들이 있게 마련이다. 그 속에서 해결책들이 찾아져야 하는 것이다. 그들이 내렸던 옳은 결정이나 판단 혹은 행위들은 재발견되는 과정과 재련되는 과정을 거쳐야 한다. 화이트는 그러기에 "내담자가 전문가"(the client is the expert)라고 단언한다. 당신의 파트너, 즉 내담자가 자신의 갈 길과 해결책을 가장 잘 알고 있다. 당신 밖에 있는 상담가들에 의해 혹은 어떤 조언 그룹들(책, 잡지, 대중매체)에 의해 조언된 해결책들은 우화 속에 나오는 세 마리의 건강한 개와 같이 무가치할 수도 있다.

사회 구조주의 이론(social constructionism)

많은 접근법들과 상담 모델들에서 목회자나 상담가는 자신들도 모르게 용기를 북돋아 주는 우화 속에 나오는 새와 같은 존재가 아니라 세 마리의 건강한 개를 데리고 자기 마음대로 사냥을 하는 사냥꾼과 같은 사람이 되기를 권면 받고 있다. 그들의 파트너(내담자)는 자신들의 이야기를 이끌어 가기는커녕 도리어 사냥을 당하고 있다. 많은 사람들이 종종 나에게 와서 자신들이 상담을 받을 때 느낀 점들을 이렇게 말하고 있다. 그들은 자신들이 코너에 몰리는 느낌을 지울 수가 없고, 상담가나 목회자는 그들의 목으로 자신들이 지어 준 처방 약을 밀어 넣으려고만 한다는 것이다. 그들은 목회자와 그들의 책장에 꽂혀 있는 책들 속에서 하나를 꺼내어 처방전을 지어 주고 그 처방전대로 할 것을 강요당하고 있는 것이다. 사람들은 모든 전문가의 지식과 해결책을 통해 자신들이 누구인지가 규정되고 있는 것이다. 상담가나 목회자는 그와 같은 것들을 제어하는 것이다. 그리고 그들의 파트너(내담자)들은 사냥된 동물처럼 당황하며 도움이 안 되는 사람인 것처럼 느낄 수밖에 없다. 종국에 가서는 그들은 상담실을 떠나면서 "예, 목사님 감사합니다. 목사님" 하고 말할 수밖에 없다. 그러나 떠난 후 그들은 세 마리의 건강한 개만을 발견하곤 한다.

인문과학, 특히 치유 상담학 세계에서 십수 년 동안 주목할 만한 패러다임의 변화가 일어났다. 낡은 관점인 개인주의적 '인과관계의 법칙'(cause-and-effect thinking)으로 모든 것을 해석하려고 했던 것이 시스템, 즉 시스템적 사고(systematic thinking) 체계 속에서 인식해야 한다는 성찰이 있었다. 사람들은 부분들의 합보다는 전체가 중요함을 인식하기 시작했다. 사람의 모든 삶의 체계는 자체만의 독특한 성격을 가지고 있으며 이것이 가지고 있는 자체만의 구조에 의해 규정지어진다는 것을 파악했다. 예를 들면, 가족 안에서 일어나는 모든 현상이 단순하게 가족들의 개성 때문에 발생하는 것이라고 설명되기는 너무도 무리가 있다. 전체가 예상했던 것과는 다르게 발전할 때가 종종 나타난다. 이것이 시스템적 사고다. 시스템적 사고는 진행 과정과 상호 작용 그리고 사람들 사이의 관계성을 깊이 있게 다룬다.

치유와 상담을 위해 새로운 가능성을 제공하려는 이러한 패러다임의 변화가 있었을지라도, 겉보기에는 상담가와 목회사의 권위직 위치는 전혀 변하지 않은 듯하다. 시스템 이론을 통해 치유를 시도하는 상담가들 역시 상담이 이루어지는 상황에서 자신들의 위치를 '세 마리의 건강한 사냥견들' 로 자리매김한다. 이러한 자세는 정신분석학적 방법을 통해 개인의 심리 상태를 진단하고 그리고 올바른(?) 약을 처방하던 예전의 방법들 위에 단순하게 시스템적 사고를 하나 덧붙인 것에 불과하다. 다른 처방전들이 '예식' 혹은 숙제라는 이름으로 내담자에게 주어진다. 이러한 상담가들은 자기 마음대로 하는 사냥꾼과 같은 역할을 유지해 간다. 가족, 개인, 인간의 삶의 시스템이 그들의 깊은 내면에서부터가 아니라 밖의 '그 무엇' 에서부터 이해되려고 한다. 그리고 이러한 상담가들은 그 시스템에 변화를 주고 건강하게 할 수 있는 전문가라는 생각을 가지고 있다. 변화와 건강한 삶은 이러한 전문가들에 의해 바른 처방이 나온다고 생각하고 있다.

이러한 시스템적 사고는 또 다른 패러다임의 변화를 맞게 된다. 이것을 '제이차 인공 지능 체계' (second order cybernetics)[24]라고 부른다. 시스템적 사고 역시 인공 지능 체계 (cybernetics)라고 불리는데, 이것은 시스템의 자체적인 규칙과 제어 그리고 활동적인 체계를 의미한다. '제이차 인공 지능 체계' 란 시스템적 사고의 이차 발전적 모델이라 할 수

---

24) 역자 주: 라틴어의 Kubernetika 에서 유래된 말로서 만들어진 지능 체계라고 할 수 있다.

있다. 이러한 이차 인공 지능 체계란 의미는 어떤 개인이 어디에도 치우치지 않고 객관적으로 한 시스템을 외부에서 분석하거나 관찰하는 것은 불가능하다는 인식이다. 만약 당신이 어떤 한 시스템을 분석, 관찰하려고 시도한다면, 이미 당신은 그 시스템의 한 부분이 되었다는 의미다. 이러한 인식의 변화는 바로 '관찰된 시스템'(observed systems)이 아니라 '시스템에 대해 관찰하고 있는'(observing of systems) 것에 강조점이 있다. 그러기에 관찰의 과정은 주관적으로 참여하는 과정이라 할 수 있다. 분석과 관찰이라는 것은 그 자체가 이미 객관을 상실한 주관이 내포되어 있는 것이기 때문이다. 언제 어느 때든지 상담가나 목회자가 상담실에서 어느 한 가족을 만나게 될 때, 그리고 대화가 시작되는 순간부터 그들은 서로 간에 이미 새로운 시스템을 구성하는 것이다.

'제이차 인공 지능 체계'라는 틀 안에서 보면, 많은 개념들이 구조주의(constructionsim)에 기반한다. 구조주의 이론에 따르면 우리가 감각하고 있는 세계는 실제 그 자체가 반영되어 있는 것이 아니라는 것이다. 단지 우리가 경험한 세계의 틀 속에서 우리 자신이 발전시킨 개념들로 구성되어 있는 것이 우리가 말하는 '세계'라는 것이다. 따라서 실제(reality)란 객관적 실제가 아니라 주관적 실제라는 것이다. 나의 실제와 당신의 실제가 우리 자신들에 의해 만들어지고 서로의 주관에 따라 달라진다는 것이다. 그러므로 단언적으로 말하면 시스템은 존재하지 않는다. 그저 우리가 관찰하는 과정에서 우리에게 적당한 시스템을 구성했을 뿐이다. 시스템은 '실제'를 반영하는 것도 실제에 의해 주어지는 것도 아니다. 시스템은 단지 우리의 생각으로 구성되어 있는 것이다.

이러한 통찰이 가치 있는 것은 목회자나 상담가로 하여금 허황된 객관주의로부터 벗어나게 하기 때문이다. 그리고 만약 당신이 객관적이

될 수 없다는 것을 인식하게 되면, 당신은 당신이 원하는 대로 조언을 하거나 시스템에 변화를 주려는 생각을 하지 않게 된다. 그러할 때 당신은 겸손하게 내담자의 소리를 들을 수 있고 자신 역시 내담자와 다름이 없음을 의식하게 된다. 라이어트 본스 스톰(Riet Bons-Storm)[25]의 해석학적 탐험(Hermeneutic Adventure)이라는 말은 의미가 있다. 상담 과정은 해석적 과정이며 이해의 과정이라는 것이다. 이 과정은 탐험이다. 왜냐하면 내담자들과 마찬가지로 상담가나 목회자들도 이해의 과정을 통해 자신들이 누구인지를 인식해 가는 것이기 때문이다. 그 과정의 종착지에 무엇이 있을지는 누구도 모른다. 그래서 상담은 탐험의 과정이다.

나레이티브 접근법이 구조론(constructionism)과 연결되면서 삼차원의 물결을 만나는데 소위 말하는 '제삼차원 인공 지능 체계'(third order cybernetics) 혹은 '사회 구조(구성)주의'(social constructionism)다. 사회 구조주의는 삶의 이야기 속에 캐릭터를 드러내는 데 도움을 준다. 구조주의가 주관성을 강조했다면, 사회 구조주의는 사회적 진행 과정이 강조된다. 이 이론에 의하면, 실제(reality)라는 것은 어떤 신경조직으로부터 야기된 개념들로 되어 있는 것이 아니라 공유된 구성(shared constructs)에 의해 존재하는 것이라고 한다. 이때 언어가 핵심적인 역할을 하게 된다. 의미들이 공유되고, 결국 언어라는 기능을 통해 의미가 부여된다. 그래서 우리는 언어 행위(act of languaging)에 주목하며, 이야기하는 행위(act of storying)에 주의를 돌린다.[26]

어떤 점에서는 한 개인만의 이야기는 존재하지 않는다고 말할 수도

---

25) Bons-Storm, R. 1989. *Hoe gaat met jou? Pastoraat als komen tot verstaan*. Kampen: Kok.
26) 필자는 위의 개념을 앤더슨(Anderson)과 굴쉬안(Goolishian)에게서 빌려왔다. Anderson &

있다. '자아'의 이야기는 다른 자아들의 이야기들이 없이는 이야기되기가 불가능하기 때문이다. 모든 사람들의 이야기에는 자신만의 테두리가 있다. 그러나 또 다른 한편, 모든 개개인의 이야기들은 더 넓고 큰 이야기(the larger story)를 통해 설명된다. 앞에서 소개한 위나드와 마르나의 이야기가 한 예가 될 것이다. 그들 이야기에 따르면, 마르나는 어릴 때 성적 학대를 받았고 그 아픔이 지금 자신들의 결혼 생활과 부부 생활을 침몰케 하고 있다는 것이다. 이 시점에서 나레이티브 상담가로서 나의 과제는 이들의 이야기가 이들의 문제와 비슷한 양상을 가진 다수의 이야기들을 위해 천천히 공간을 만들어 갈 수 있도록 돕는 것이다. 마르나가 겪은 과거의 이야기에 대한 해석은 현재라는 시간 속에서는 결코 그녀 혼자만의 이야기가 될 수 없으며, 그녀의 현재 이야기는 결혼 구조에 대한 이야기로 받아들여지는 것이다.

　마르나의 이야기가 그런 것처럼 위나드의 삶도 마르나의 이야기를 구성하는 데 많은 부분을 차지하고 있다. 두 사람이 마르나가 겪은 어린 시절의 사건을 자신들의 결혼을 위해 해석하면서 마르나는 괴로움을 당하고 위나드 역시 자신의 이야기를 창작하는 데 있어 어려움을 겪고 있다. 모든 결혼 형태와 가족 시스템은 과거에 대한 것과 현재 일어나는 상황에 대한 해석을 하기 위해 사용되는 근간이 되고 핵심이 되는 이야기를 만들어 낸다. 결혼 생활이라는 가족 이야기는 주관적, 개인주의적인 활동이 아니라 구조주의적, 사회적 과정이다. 마르나와 위나드의 이야기도 자신들이 몸담고 있는 공동체의 이야기가 만들어 낸 개념들에 의해 합동으로 만들어진 이야기다. 모든 사회에는 성적 학대가 피해자

Goolishian 1988, "Human System as Linguistic Systems: Preliminary and Evolving Ideas About the Implications for Clinical Theory". *Family Process*, 27(4): 371-393.

들의 삶에, 그리고 그들의 결혼 생활에 끼치는 영향에 대한 이야기가 순환하고 있다. 이렇게 사회에 떠도는 이야기가 자신들의 결혼 생활에 끼친 영향들에 대한 이야기를 만들어 가는 데 결정적인 요소를 제공하는 것이다. 그러한 이야기들의 대부분은 성적 학대를 당한 사람에게 알게 모르게 수치심을 가지게 만들고, 참을 수 없이 어려운 것이라고 인식케 하며, 부정적인 자아를 형성하도록 만드는 데 일조한다. 말하자면 '문제화된' 혹은 '문제로 뒤덮인 이야기'(problem saturated)를 생산한다는 것이다.

우리가 사회 구조적인 틀에서 우리의 실제들(realities)을 건설해 가고 있다는 통찰은 나레이티브 이론에 영향을 끼쳤다. 우리가 가끔 어떤 사람을 괴짜라고 말할 때, 그 뜻은 '자신만의 세계 속에서 살아가는'(living in his own world) 사람이라는 뜻이다. 그렇다면 우리가 다른 사람의 세계 속에서 살 수 있다는 것인가? 우리는 끊임없이 우리의 이야기를 함으로써 다른 자아들과 우리의 세계를 함께 구축해 가는 것이다. 우리의 이야기를 통해 우리는 우리의 생각들을 확인하고, 우리 이야기의 핵심들과 우리 가족과 문화의 이야기를 정제하게 된다.

우리의 세계가 이야기들에 의해 조직된다는 사실을 인식하는 순간, 당신은 치유 방법론에 사용하는 '세 마리의 건강한 사냥개'에 대해서 회의적인 생각을 하게 될 것이다. 개인주의나 허식적인 성공, 잘못된 기대치에 대한 초점은 결코 나레이티브 상담가나 목회자가 이해하는 현실과는 실천적인 괘를 같이 할 수 없다.

제7장 뜻밖의 사건 절름발이 개

밴다(Vanda) 부족의 우화(여행)

옛날에 한 어린 소년이 어느 날 사랑하는 개 네 마리를 데리고 꿀을 따기 위해 집을 떠났습니다 … 그때 소년의 건강한 세 마리의 개가 번개같이 노파를 덮쳤습니다. 그러나 역부족이었습니다. 노파는 세 마리를 모두 찢어 죽였습니다. 그런데 이변이 일어났습니다. 노파가 세 마리를 모두 찢어 죽이는 동안 소년의 네 마리 개 중 가장 연약한 절름발이 개 한 마리가 노파의 목을 물고 노파가 죽을 때까지 놓지 않는 것이었습니다. 결국 노파는 가장 약한 소년의 개에게 죽게 되었습니다. 마침내 소년은 나무에서 내려와 우리 속에 있던 모든 것들을 가지고 집으로 돌아오게 되었습니다.

우화 속에 나오는 절름발이 개는 일상적 사건들에서 나타나는 뜻밖의 사건, 기대하지 않았던 예상치 못한 사건을 상징한다. 이 뜻밖의 사건은 우화에서나 나옴직한 요술이다. 어떤 사람들은 이러한 요술과 같은 일을 비현실적이라고 치부하며 현실에서는 그와 같은 우연은 일어나지 않는다고 주장한다. 그러나 부정할 수 없는 것은 우화들도 실제의 삶과 연관되어 창작된 것들이라는 점이다. 우화를 창작하는 것은 현실 탈피를 위한 수단이 아니다. 우화들은 이해하기 어려운 현실을 사리에 맞게 구성하는 작업을 통해 어떤 방법들을 찾는 것이다.

삶이란 단조로운 산문체적인(prosaic) 것이나 예견되는 것이 아니라 놀라운 사건들로 채워진 시적인(Poem) 정취가 있는 것이다. 시처럼 삶 속에서도 사람들은 가까이 관계하고 있는 그 어떤 것과 서로 가장 역설적인 개념들을 발견한다. 복잡다단한 현상들과 단순하지만 놀랄 만한 '진귀한' 것들이 우리의 삶을 채우고 있다. 한편으로 삶은 절대적이고 피할 수 없는 인과관계로 채워져 있다. 남아공 속담에 "누구에게든 기회는 제공되어 있다"는 말이 있다. 그러나 또한 "제공 받은 만큼 그대로 제공해야 한다." 그래서 사람은 뿌린 대로 거두는 법칙을 잊지 말아야 한다. 다시 말하면 만약 사람들이 결혼 생활에 문제가 있거나 어려움을 겪고 있다면 우리는 이 말을 명심해야 한다. "네가 잠자리를 봐 논 그 침대에서 자라." 즉 문제의 근간에는 자신에게도 책임이 있다는 것이다.

그러나 삶은 많은 혼돈의 요소들에 싸여 있다. 어떤 때는 사리에 맞지 않는 경우도 허다하다. 종종 문제들은 예견을 빗나가는 경우도 많다. 사고들과 뜻밖의 사건들은 삶의 부분들이다. 질서정연한 창조의 세계는 과학자들로 하여금 예를 들자면 날씨에 대한 '예보'(prediction)를 할 수 있도록 한다. 그들의 날씨 예보로 인해 우리는 약 5일 간의 계획을 세울 수 있다. 그러나 다른 한편 창조의 세계에는 혼돈의 요소들도 존재한다. 이 혼돈의 요소는 '추측'(speculation) 이상의 '날씨 예보'와 같은 것은 가능하지 않다. 일례로 1997-98년 남아공 기상청은 엘리뇨 현상으로 인해 가뭄과 농작물 피해가 극심할 것이라고 '예견' 했다. 그러나 그 해의 대풍으로 인해 그 '예견'은 무색해진 적이 있었다. 그와 비슷하게 삶은 신비한 요소들(mysterious elements)로 채워져 있다. 우리는 단지 우리 삶의 작은 부분만을 통제할 수 있는 것이다. 이 속담을 우리는 기억해야 한다. "일은 사람이 꾸미되, 성패는 하늘에 달렸다." 우리는 우리가 모든 것을 통제할 수 없다는 것을 안다. 믿음의 관점에서만이 아니라 현실적 관점에서도 보면 우리는 필히 우리의 삶 속에 기대하지 않은 그리고 뜻밖의 사건들이 다가올 여지를 만들어야 한다.

나레이티브 방법론은 우리의 삶 속에 있는 '절름발이 개'를 찾고자 하는 데 있어 최선을 다해야 한다. 삶 속에는 요술과 같은 진귀한 것이 있다. 성경은 하나님을 인간의 인식의 틀 속에서 규정될 수 없는 분으로 묘사하고 있다. 그분께서 친히 우리 인간이 그분을 알 수 있도록 허락하시면서도 우리가 그분을 온전히 알기 힘든 존재로 묘사한다. 하나님께서는 이스라엘을 애굽에서 해방시키기 위해 모세에게 나타나심과 동시에 한편으로는 그분 자신이 신비한 베일 속에 계시는 분임을 보이신다. 모세에게 말씀하시기를 "나는 스스로 있는 자다"라고 하시면서 "스스로 있는 자가 나를 너희에게 보내셨다 하라"(출 3:14)고 하신다. 그렇기 때문에 하나님께로부터 오는 해결책은 종종 우리의 예견되는 '세 마리의 사냥개'와는 완전히 다를 때가 많다. 생각해 보라, 광야에서 만난 하나님의 해결책, 홍해 바다 사건, 만나와 메추라기 사건을. 하나님은 종종 은유적 표현인 '절름발이 개'와 같은 형상으로 기대하지 않은 그리고 신비한 해결책을 주면서 나타나셨다. 그러기에 성경의 많은 부분이 우리에게 이렇게 권면한다. "지금부터 영원까지 여호와를 바랄[기다릴]지어다"(시 131편).

만약 우리가 진정한 목회와 상담적 소양이 있다면, 위기에 대처할 수 있도록 해결책을 내놓고 그 해결책이 예견되지 않은 요소들에 대해 충분하게 강조를 한다 해도 우리(목회자나 치유 상담가)가 상업화된 해답이나 내놓고 혹은 그 답을 기적의 치유약으로 선전할 수 있을지 궁금하다.[27] 해결책을 제시하려는 시도나 우리가 원하는 방향으로 하나님께서 행하시도록 하나님을 이용하려는 행위들은 결국 상담이나 목회를 피상적으로 만든다. 만약 우리가 진정으로 하나님의 세계를 조금이나마 알고, '하나님을 바라는[기다리는]' 뜻이 무엇인지를 이해한다면, 우리는 해답을 제시하려 하거나 기적의 치유약을 처방하는 일에 조금은 뒤로 물러서서 상담을 하게 될 것이다.

여기에서 내가 말하는 '기적'의 치유약이 하나님께로부터 오는 '기적'이 아님은 강조하지 않아도 될 것이다. 이 '기적'은 인위적으로 조직되고 만들어진 것으로 쉽게 상업적으로 변질될 수 있는 것이다. 기도라는 이름으로 혹은 교묘히 영성이라는 이름으로 창작된 기적은 더 이상 진정한 기적이 아니다. 진정한 기적이란 '절름발이 개'의 출현과 같은 것이고 밑에 소개한 구두장이 이야기에 나오는 요정과도 같은 것이다.

옛날 옛날에 한 구두장이가 아내와 살고 있었다. 그들은 매우 가난했다. 가난에서 벗어나 보려고 그들은 별의별 것을 다 해보았다. 그러나 그들의 삶은 더욱 어려워만 갔다. 마침내 구두장이에게는 작은 가죽 한 장만 남게 되었다. 그러나 그는 좌절하지 않고 앉아서 그 남은 조각을 가지고 한 켤레의 구두를 만들기 시작했다. 밤이 늦어 끝마무리를 하지 못한 구두를 남겨 놓고 그는 집으로 돌아갔다.

그 다음날 이상한 일이 생겼다. 자기가 채 끝내지 못한 구두 한 켤레가 완성품이 되

---

27) Eugene H. Peterson, 1992. *Five Smooth Stones for Pastoral Work*. Grand Rapids, Michigan: William B. Eerdmans.

어 있었던 것이다. 누군가가 작업장에 와서 밤새 구두를 완성시켜 놓은 것이다. 그는 어쨌거나 그 구두를 팔아 조금 더 많은 가죽을 살 수 있었다. 그는 하루 종일 새 구두를 만들기 위해 가죽을 재단했다. 밤이 되어 그는 하던 일을 마치고 집으로 돌아갔다.

그런데 다음날 그가 작업장에 왔을 때 아주 깔끔히 만들어진 몇 켤레의 구두가 놓여 있는 것이었다. 알 수 없는 도우미가 그날 밤에도 와서 밤새 구두를 만들어 놓은 것이다. 새 구두들은 전에 것보다 더 아름다웠다. 아무튼 그는 그 구두들을 팔고 또 더 많은 가죽을 사다가 새 구두를 만들 준비를 했다. 그리고 남은 일을 두고 집으로 향했다. 그 다음날 그는 진열장 한 줄 전체에 가득 찬 부츠, 샌들, 구두를 보았다.

이런 기이한 현상은 매일 밤마다 계속되었다. 매일 밤 그는 가죽들을 남겨 두었고, 그 다음날이면 어김없이 그 모든 가죽이 구두로 변신해 있었던 것이다. 그 구두장이는 부자가 되었고, 그의 신발들은 명성을 더해 갔다.

크리스마스 시즌이던 어느 날 구두장이는 아내에게 말했다. "여보, 누가 우리를 돕고 있는지 꼭 찾아서 감사의 표시를 해야 하지 않겠소?" 그의 부인 역시 동의하고 그날 밤 그들은 작업장에 숨어서 무슨 일이 일어나나 지켜보았다. 밤늦게 어디선가 노래 소리가 들리더니 두 요정이 창문 너머로 껑충 뛰어 들어왔다. 요정들은 신발은 물론 옷도 걸치지 않았다. 그들은 즐겁게 춤추고 노래를 부르며 재주를 부렸다. 그런 후에 그들은 앉아서 일을 하기 시작했다. 그들은 짧은 시간에 일을 마치고 순식간에 달빛 아래서 사라졌다.

구두장이와 그의 아내는 자기들의 눈을 의심하지 않을 수 없었다. 그들은 서로 마주보며 "두 요정이 매일 우리를 도와준 분들이군요" 하고 말했다. 그리고 "우리는 꼭 감사의 표시로 그들에게 뭔가를 해 줘야 해요"라고 했다. 그들은 마침내 옷을 해 주기로 결정했다. 왜냐하면 두 요정은 겨울임에도 불구하고 옷을 입지 않았기 때문이다. 구두장이는 두 켤레의 구두를 만들었고, 그의 아내는 두 벌의 따스한 옷을 만들었다.

크리스마스 전야 때, 그들은 자기들의 선물을 작업장에 놓아두었다. 그리고 가만히 숨어서 무슨 일이 일어나는지 지켜보기로 했다. 그날 밤, 두 요정은 또 춤을 추며 노래를 하며 나타났다. 그리고 주위를 둘러보고는 깜짝 놀랐다. 왜냐하면 작업장에는 자기들이 만들 수 있는 가죽이 하나도 없고 선물 꾸러미만 있었기 때문이다.

그들은 놀라움에 차서 그 옷들을 입고 신발을 신어 보았다. 모든 것이 너무도 그들에게 잘 맞았다. 그들은 서로의 새로운 모습을 보면서 감탄하고 즐거워서 춤을 추다가 달빛과 함께 사라졌다. 구두장이와 그의 아내는 기쁨과 행복한 가슴을 안고 집으로 돌아갔다.

요정들은 그 다음날 밤엔 오지 않았다. 그 다음날도, 그리고 또 다음날도 …. 구두장이와 그의 아내는 중얼거렸다. "우리에게 무슨 일이 있었던 거야?" 그들은 성실한 사람들이었다. 그들은 계속 자신들이 하던 일을 멈추지 않았고, 그들이 만든 구두는 요정이 만든 그것들과 진배없이 아름다웠다. 구두장이와 그의 아내는 행복하게 오래오래 살았다.

기적들은 고안되는 것이 아니다. 기적들은 당신이 "하나님을 바라며 [기다리며], 그분께 당신의 미래를 의지할 때 비로소 일어나는 것이다. 상담이나 목회는 촉매제 역할을 하는 것과 같다. 상담과 목회는 더 나은 미래를 품게 하고, 어디에 '절름발이 개'가 있는지 찾는 것을 용이하게 해 주는 것이다.

나는 개인적으로 해답을 제시하는 목회자나 상담가의 틀에서 벗어나는 날을 기대하고 있다. 심하게 말하면 해답을 제시하려는 목회나 상담은 살아 있는 것이 아니다. 하나님도 역시 그런 상담가나 목회자가 제시하는 답이 될 수 없다. 만약 하나님께서 인생에 제시한 하나의 해답 속에 갇히신다면, 그 때부터 하나님께서는 더 이상 하나님이 되실 수 없다. 상담가로서 그리고 목회자로서, 우리는 끊임없이 배우는 사람이지

해답을 제시하는 사람이 아니다. 우리는 '하나님을 바램[기다림]'을 체화해야 한다. 다시 강조하건대 우리는 기다리는 것과 뜻밖의 사건, 즉 기적 속에 사는 법을 배워야 한다. 우리는 상담을 하면서 뭔가 성취하려는 것과 고안하려는 생각들을 반드시 그만두어야 한다. 진실한 상담과 목회는 '성과주의'(result oriented)가 아니라 기다림의 태도(wait-oriented)가 요구된다. 이러한 자세는 해답을 제시하려 하지 않고 질문들을 통해 스스로 답을 찾게 하며 기다리는 자세다.

불가사의한 일과 책임(Magic and Responsibility)

위에서 소개한 두 우화에서 보면, 불가사의한 사건은 곧 책임성과 연관이 있다. 구두장이 이야기에 나오는 요정과 꿀을 따러 나선 소년의 이야기에 나오는 절름발이 개는 같은 역할을 하고 있다. 위기의 순간에 그들은 구원자와 같았다. 그러나 두 우화 모두에서 그들의 역할은 최종적인 해답이 아니었다. 꿀을 따는 소년의 우화 속에 나오는 절름발이 개는 단지 일순간의 해결책이었다. 그리고 그 순간을 포착하는 것은 소년의 몫이었다. 즉 동물 우리 속에 있는 모든 것을 끌어내는 것은 그 소년이 손수 해야만 했다. 구두장이 우화에서도 구두장이와 그의 아내는 요정들에 대한 책임을 완수한 것 자체가 자신들에게 다가온 불가사의 같은 일이 사라지는 결정적인 원인이 되었다. 그러나 그것은 축복된 상실이었다. 왜냐하면 그들은 그 후부터 마술과 같은 일이 없더라도 자신들의 삶을 위해 자신들 스스로가 책임을 질 수 있었기 때문이다. 불가사의한 일은 책임이라는 것과 대립하는 것이 아니다. 단지 이것은 책임을 촉진

하는 것이다. 이것이 바로 성경적인 기적이다. '하나님을 기다린다는 것', '하나님께서 사랑하시는 자에게 필요한 모든 것을 채우신다는 것'을 믿는다는 의미는 우리가 우리의 할 일을 멈추라는 것이 아니요 게으른 자들을 만들어 내는 것도 아니다.

나레이티브 상담의 관점에서 말하면 우리는 전략(strategies)을 가지고 사람을 상담하고 만나는 것이 아니라 책임감을 가지고 상담을 하는 것이다. 나레이티브 접근법은 전략을 이용하는 방법론이 아니다. 나레이티브 접근법과 이간(Egan)[28]의 방법론을 구별할 필요가 있다. 이간 역시 이야기(story)의 개념을 빌리지만 그의 모델은 전략적 방법론이 기저를 이룬다. 나레이티브 접근법은 이러한 전략에 따라 상담에 접근하는 것을 거부한다. 전략을 이용하는 방법론은 '세 마리의 건강한 개'를 찾는 것과 마찬가지다. 전략이라는 것 속에는 아직까지 알지 못하던 그 어떤 것 그리고 뜻밖의 사건이란 존재할 수 없다. 왜냐하면 이미 짜여진 수순대로 움직여야 하기 때문이다. 이 방법은 사용 가능한 자원들을 동원할 필요가 있다. 그리고 가정하기를 최상의 해결책들이 자신의 계획과 전략에 의해 이루어질 것이라고 확신한다.

그러나 이야기 속(in storied situation)에서는 사람들이 더 나은 미래를 그릴 수 있도록 격려 받고 그리고 결정적인 변화를 가져올 '절름발이 개'를 기다리게 된다. 우리가 우리 자신의 계획을 세우는 것은 성경적이지 않다. 성경은 우리에게 '하나님을 바라심' (wait on the Lord)만이 필요하다고 말한다. 이 의미는 그렇다고 해서 긴장을 푼 상태로 감이 떨어지기만을 기다린다는 것도 아니요 모든 것이 가하다는(possible)

---

28) Egan, G. The Skilled Helper.

것도 아니요 어떤 것이든 다 받아들여질 수 있다는 의미도 아니다. 불가사의한 일이나 믿음에 기반을 둔 기대치들이 도움이 될 때는 언제나 거기에는 책임이 수반되며 책임이 적극적으로 강조된다. 불가사의한 기적을 바라는 것과 책임 수반이라는 이 두 가지는 서로 배타적이지 않다. 이 자체가 또 삶의 신비를 보여주는 요소다. 진정한 '하나님을 바라심'은 언제나 책임이 수반된다. 루터(Luther)는 "내일 만약 주님께서 오신다 해도[지구에 종말이 온다 해도], 나는 한 그루의 사과나무를 심겠다"고 했다.

제8장 대화
여행 길의 동무들

밴다(Vanda) 부족의 우화(여행)

옛날에 한 어린 소년이 어느 날 사랑하는 개 네 마리를 데리고 꿀을 따러 집을 떠났습니다. 그리고 한 마리의 작고 아름다운 새가 이 소년의 길잡이가 되어 주었습니다. 소년이 염소들이 우글거리는 한 작은 우리에 막 도착했을 때 새가 소리쳤습니다. "멈추지 마세요. 조금만 더 가 보면 더 좋은 것들이 있어요."

우화 속에 나오는 소년은 네 마리의 개와 함께 길을 떠났고 새가 그의 길을 안내했다. 그들은 모두 신비한 영약은 아니지만 여행 길을 나선 사람들을 위한 중요한 역할을 한다. 그들은 여행 길의 동무들인 것이다. 상담이나 목회적 대화도 여행 길의 동무들과 같다.

나레이티브 대화는 의사소통의 형태 중에서도 실제적으로 '대화하기'에 가깝다. 나레이티브 대화는 사람들이 서로 자신들의 이야기를 나누는 것을 통하여 자연적인 의사소통을 하는 형태다. 이것은 모든 질문들이 정교하게 준비되거나 측정되어야 하는 기교가 요구되는 대화(technique-oriented conversations)가 아니다. 나레이티브 대화에서는 나름대로 중요하다고 생각되는 이야기의 전개를 돕기 위해 대화적 질문(conversational questions)을 이용한다. 대화적 질문을 위해 내가 제안하는 모델은 이 책에서 언급한 나레이티브 접근법과 궤를 같이 할 때만 의미가 있다. 대화적 질문은 결국 상담가의 창조성에 의해 좌우된다. 물론 상담가 자신의 창조적 방법들 속에서 기술적인 것들이 잘 조화를 이루는 것이 중요하다. 대화적 질문은 결국 상담가의 창조성과 부지의 자세(not-knowing position)에 의해 좌우된다.

나의 책, *Om tot verhaal te kom*(아프리칸스로 쓴 필자의 책)에서도 언급했던 것처럼 내가 제시하는 모델은 '나레이티브 관련 모델'(the model of narrative involvement)이다. 이 모델은 5단계로 되어 있는데 단지 기초적인 길라잡이일 뿐이며 나레이티브 접근법에 더욱 신중히 접근하고자 하는 시도일 뿐이다. 그렇기 때문에 그 강조점은 실제적인 '대화하기'에 있지 기교가 요구되는 대화에 있지 않다. 5단계를 중심으로 한 방법은 처음부터 주관적 선택에 의해서 이루어지는 것이다. 그러나 주관적 선택이라 함은 무작위적인 축출법이라는 것이 아니다. 그리고 또 다른 도구(tool)의 하나는 '대화적 질문'(conversational questions)이다. 나레이티브 접근법에 적당치 않은 방법론들이 많이 산재해 있다. 예를 들자면 나의 모델에서는 앙케이트식 질문지나 측정표 같은 것은 찾아볼 수 없을 것이다. 이러한 도구들은 너무 기계적이고 나레이티브 상담가에게는 우리의 동무들(내담자)을 '다루려는' 것으로 비춰진다. 그리고 또한 그들의 이야기를 존중하지 않는 듯이 보인다. 나레이티브 접근법은 또한 치유 요법 중의 하나인 최면 요법과도 함께 하기가 어렵다. 우리는 이야기들을 만날 때면 언제나 기억들과 대화하는 것이다. 기억된 이야기들은 우리의 삶에 굉장한 영향력을 가지고 있는 이야기들이다. 이 이야기들은 우리에게 정체성을 부여하기 때문에 상담가들은 이 이야기들과 함께 대화를 하는 것이다. 상담가는 무슨 잠재적인 의식(sub-conscious)이라든지, 의식하지 못하는(unconscious) 무슨 깊은 심연의 세계라든지 하는 것을 끌어내는 작업을 하는 것이 아니다. 나중에 언급하겠지만 앙케이트나 측정 도표 같은 것들은 실제로 적용하기가 어렵다. 왜냐하면 이러한 것들은 이야기의 구성을 따라가는 방법이 아니기 때문이다(non-narrative structuralistic way). 상담가나 목회자가 전제할 수 있는 것의 대부분은 부지의 자세(not-knowing position)에 달려 있다. 만약 이 not-knowing 포지션을 진지하게 적용하지 않는다면, 그 어떤 방법론도 바람직한 나레이티브 접근법이라 할 수 없다.

나레이티브 관점에서 보면 이야기란 단지 정보를 드러내는 수단으로만 보는 것이 아니라 상담가가 내담자에게 더욱더 가까이 가는 한 방법이고, 동시에 내담자 자신이 자신의 정체성에 더욱 깊고 가까이 접근하는 방법이다. 사람들은 자신들의 이야기를 재해석하고 재구성하는 작업을 하면서 자신들의 이야기를 하고 또 하는 일을 할 수 있도록 격려를 받게 된다. 그러면서 마음에 그려지는 미래의 이야기에 기초하여 새로운 이야기들이 구성될 필요성이 있다.

그리고 목회 상담의 입장에서 보면 하나님의 이야기(God's story)는 개인이나 가족이 자신들의 미래의 이야기만이 아니라 과거의 이야기가 현재의 삶에서 새로운 의미를 찾을 수 있도록 재구성할 수 있게 도움을 준다. 우리는 하나님의 이야기를 통해 우리의 이야기를 재해석할 수 있다. 마치 시내를 건너던 중 오도 가도 못하는 상황에 처한 사람이 안전한 징검다리 돌을 발견하듯이 하나님의 이야기를 통해 아픈 과거의 이야기가 새로운 희망의 징검다리 돌이 되는 것이다.

내가 제안한 모델에서는 심리학이나 사회학 혹은 신학과 같은 것에서 변화를 위한 테크닉을 구사하는 그런 작업을 하지 않는다. 나레이티브의 전제는 과거로부터 미래로 흐르는 이야기는 필요한 변화의 잠재성을 포함하고 있다는 것이다.

5단계 모델

여기서 제시하는 5단계 모델은 단계별 스텝을 전제로 하지 않는다. 굳이 이름을 붙이자면 전략적 모델(strategic model)이나 로우(Louw, D. J)[29]의 모델과는 다른 댄스 모델(dance-model)이라고 할 수 있다. 나는 이 5단계 모델의 1단계부터 5단계까지 순서적인 단계가 논리적이고 효과적이라고 생각하지만, 이 모델을 사용하는 사람이 다른 순서로 이용한다 할지라도 문제가 되지 않는다고 생각한다. 댄스라는 은유적인 표현이 5단계 모델의 사용법과 특징을 잘 드러내 주고 있다. 이것은 불특정한 곳에서 시작하여 불특정한 곳에서 끝마칠 수도 있는 것이다. 그러나 항상 자유롭고 창조적인 연대성이 요구된다. 그렇기 때문에 이 모델은 다른 전략적 모델과는 상당히 상이한 것이다.

그러므로 상담가의 과업은 아래의 5단계를 중심으로 대화해 가는 것이다.

1단계: 필요한 이야기(the story of need): 누구든지 자신의 이야기를

---

29) Louw, D. J. *Pastoraat as ontmoeting*.

할 때는 그 목적이나 동기, 혹은 이유가 있을 것이다. 이 단계는 '지금 이 순간'(here and now)의 이야기로서 동무(내담자)가 자신의 무엇인가에 대해 이야기해야 하는 필요성이 담겨 있는 이야기다. 상담가를 찾게 된 이유, 이야기를 하고자 하는 목적 등이 드러나는 순간이다. 즉 문제와 밀접한 관련이 있는 이야기다. 그러므로 상담가는 내담자가 충분히 그리고 가능한 한 폭 넓게 이야기할 수 있도록 도와야 한다.

2단계: 과거의 이야기(the story of the past): 동무들의 이야기에는 필히 이야기되어야 하는 역사를 안고 있다. 가족사의 이야기가 보통은 과거 이야기의 중요한 부분을 차지하기도 한다.

3단계: 미래의 이야기(the story of the future): 2단계 후의 중요한 단계는 지금 이야기를 하는 동무와 과거 속에 잠재해 있는 미래의 이야기를 발견하는 것이다. 자신들의 과거 이야기나 어린 시절 이야기들은 종종 일말의 노력도 없이 단순하게 미래에 대한 어두워진 이야기(darkened story of the future)로 전환된다. 동무(내담자)의 필요의 이야기(the story of need)는 항상 미래에 대한 어두워진 이야기로 이루어져 있으면서 때론 창조적인 것과 양립하고 있다. 상담가는 이때 과거의 이야기 속에서 미래의 이야기를 발견할 수 있도록 조력해야 한다.

4단계: 과거 이야기에 대한 재저술(the re-authored story of the past): 과거의 이야기는 당연히 재해석되어야 한다. 이 재해석의 작업은 과거 이야기의 뼈대를 다시 세우는 과정이다. 상담가는 자신의 창조적인 방법으로 자신의 동무(내담자)가 이야기했던 그 이야기를 새롭게 구성해 보도록 도와주어야 한다. 문제로 여겨진 주제들에 대해 다른 각도에서 볼 수 있도록 제안함으로써 우리는 사람들이 새로운 과거의 이야기를 창작하는 데 도움을 줄 수 있다.

5단계: 상상적 미래의 이야기(the imagined story of the future): 과거에 대한 재해석 그 자체가 미래를 상상할 수 있도록 도움이 된다. 상담가가 자신의 내담자를 미래나 혹은 미래의 비전에 대한 대화에 초대할 때, 미래에 대한 이야기들은 자연스럽게 한 형태를 부여 받는다.

다음 장에서 이 5단계를 더욱 구체적으로 논의해 보도록 하겠다.

과거의 이야기

상담의 필요(The story of need)를 느끼게 하는 이야기의 대부분은 과거의 이야기다. 그러나 과거의 이야기 속에는 상담의 필요성(the story of need)을 불러일으킨 요소들 이상의 그 무엇이 있다. 과거의 이야기는 또한 그 필요성(the story of need)보다 더 멀리 그리고 앞으로 나아가며 그 필요(the story of need)가 구제될 수 있는 본질적인 빛을 비춰준다. 과거와 미래의 관련성은 전 단원에서 언급했기 때문에 여기서는 단지 어떻게 대화 속에서 과거의 이야기를 의미 있게 발전시킬 수 있는지를 논해 보자.

과거의 이야기를 진지하게 다루는 것은 특별한 목회 행위이자 상담 행위다. 윤리적 배경이 아닌 역사적 배경 아래서 사람들의 이야기를 듣는 것은 복음서가 우리에게 요구하는 바이다. 그것은 속단(prejudgment)하는 태도를 접고 진정으로 듣겠다는 자세를 말하는 것이다. 피터슨(E. Peterson)에 의하면 목회자는 역사가이지 도학자(moralist)가 아니다.[30] 역사가인 목회자와 도덕가인 목회자의 차이점을 피터슨은 재미있는 이미지로 묘사한다. 도덕가인 목회자는 마치 약을 처방하는 의사와 같다고 했다. 나는 상담이나 목회도 마찬가지라고 생각한다. 나레이티브 상담가나 목회자는 위의 의사와 다르다. 병자가 의사를 찾을 때는 언제나 병자의 병력(patient's history)이 기록된다. 그 후에 의사는 진단을 하며 처방을 내린다. 의료 행위의 출발점은 전에 일어났던 병력과 관련된 모든 증상과 병력에 관해 참작하는 것이 되어야 할 것이다. 그 다음에 약사는 머리가 아픈 사람이나 배가 아픈 사람들에게 진열장에 놓여 있는 약을 꺼내 준다. 반면에 나레이티브 상담가나 목회자는 보이는 병력이 아니라 개인 역사의 전체를 진지하게 다룬다. 그리고 이 개인의 전체적인 역사와 더불어 크신 하나님의 이야기와 연계하여 개인의 역사를 재창조한다. 이것을 스토리 메이킹(Storymaking)이라 한다. 스토리 메이킹은 과거가 충분히 이야기되지 않고는 가능한 일이 아니다. 또한 하나님의 이야기와 비교하면 미천하고 보잘것없는 이야기일 수 있지만, 어느 개인에게나 충분히 가치가 있는 자신만의 이야기와 하나님의 이야기가 있다. 그 이야기들이 철저하게 이야기될 때에만 그 개인은 온전히 자신의 역사가 어떻게 하나님의 무한하신 역사(구원의 역사)와 일치하는지 그리고 하나님의 역사의 한 부분이 되는지를 알 수 있다.

　나레이티브 상담은 정신요법학(psychotherapy)과는 다른 관점에서 과

---

[30] Peterson, E. H. 1992. *Five Soomth Stones for Pastoral Work*. Grand Rapids, Michigan: William B. Eerdmans. 85.

거의 이야기를 다룬다. 정신요법학은 정신 분석적인(psychoanalytically) 입장에서 과거를 다루고, 단지 과거에 어떤 일이 있었는지를 확인하는 것이 주 목적이다. 반면에 나레이티브 접근법에서의 과거는 단순하게 다시 한 번 상기해 보아야(re-call) 할 것이 아니라 다시 경험해 보아야 (re-experiencing of the past) 하는 실체다. 다시 경험한다는 것은 일회 용품을 재생해서 쓰는 것과 같이 과거를 재생해서(recycling of the past) 쓰는 것이 아니라 과거의 기억으로부터 과거 속에 잠재해 있는 미래의 이야기를 추출하고 구성해 가는 것을 의미한다. 나레이티브 목회자나 상담가는 과거 그 자체에 초점을 맞추는 것이 아니라 미래의 이미지를 세우기 위한 자원으로서 과거를 본다.

개인(a person)이 한 사회 안에서 살아가는 것은 개인 그 자체로서만 사는 것이 아니다. 마치 러시아의 인형 같은 구조 속에서 사는 것이다. 러시아인의 전통 인형 안에는 작은 인형들이 겹겹이 쌓여 있다. 러시아의 인형의 상징적인 의미는 우리라는 공동체 안에 있는 모든 목소리들이 소리를 내도록 일깨워 주고, 그 공동체는 우리 자신이 어떻게 행동해야 할지 결정하는 역할을 하는 것을 보여주는 것이다. 한 사람 한 사람이 우리라는 공동체 안에 있는 작은 인형들의 시리즈와 같음을 보여준다. 그렇지만 나레이티브 관점에서 보면 이 이미지는 불완전한 것이다. 개인은 자신 안에 작은 인형들(little dolls)만 있는 것이 아니라 동시에 자신은 그 다음에 나오는 다른 인형 속에 구속되어 있음을 기억해야 한다. 러시아의 인형과 같이 우리는 미래를 겨냥해서 계속 자신을 찾아가는 과정에 있고 길 위에 있다.

과거를 기억해 가는 이 단순한 과정은 우리가 우리 자신을 미래의 관점에서 자리매김해 나갈 수 있도록 하는 점에서 이미 과거(고통스런 과거일지라도)는 건강한 것이라는 점을 증명해 준다. 자신의 정체성을 세우려 하면서 과거를 잊거나 부정하려 하는 것은 정체성을 찾는 것을 불가능하게 하는 것과 마찬가지다. 그러므로 우리의 동무들(내담자)이 과거의 이야기를 표면화하고 이야기할 수 있도록 돕는 것은 상담 과정에서 필히 요구되는 것이다. 웹 미첼(Webb-Mitchell)은 말하기를 "자아(self)의 이야기나 가족사 혹은 공동체의 이야기를 잊는 것은 비인간(inhuman)적인 것이다. 왜냐하면 고통과 행복에 의해 축적된 우리의 역사가 사라지고 잊혀지는 것이기 때문이다"[31]라고 했다.

과거는 잊혀져서는 안 된다. 만약 과거가 잊혀져야만 한다면 당신은 미래를 보는 안경을 잃어버리는 것이다. 만약 과거라는 렌즈가 분명한 미래의 그림을 볼 수 없는 것이라면, 그 과거는 반드시 재해석되고 재구성되는 과정을 거쳐야지 없애 버려야 할 요소가 아니다. 모든 기억 상실과 정체성 정립은 상호 배타적인 것이 아니다.

당신이 어떤 것들에 대해— 특히 고통스러웠던 것들에 대해—기억한다는 것은 너무도 버거운 부담이다. 그러나 체코슬로바키아의 소설가 밀란 쿤데라는 이렇게 말한다. "짐이 무거우면 무거울수록 우리의 삶이 더욱 인간적이고 현실적이고 진솔한 삶이 되는 것이다."

이렇게도 말할 수 있다. 만약 건강한 의미에서 과거를 잊으려 한다면, 첫 번째 단계는 잘 기억해 보는 것이다. 만약 그렇지 않으면 '잊음'은 과거를 짓눌러 버리는 건강치 못한 것이다.

어떻게 당신은 상담의 과정에서 당신의 과거의 이야기를 미래를 세우

---

31) Webb-Mitchell, B. 1995. *The Importance of Stories in the Act of Caring*. Pastoral Psychology. 43(3): 215-225, 223.

는 자원으로 이용할 것인가? 당신의 창조성이 요구되는 바이다.

유년 시절의 이야기로부터

나는 상담을 할 때 내담자에게 다음 시간에도 계속 상담 과정에 참여할 것인지와 자신들의 유년 시절의 이야기(the story of their childhood)가 아닌 '유년 시절로부터의 한 이야기' (a story from their childhood)를 말해 줄 수 있는지를 물어 본다. 그리고 나는 하나의 이야기는 위기적인 사건 주위에서 발생하며, 그 이야기는 긍정적인 것과 부정적인 것을 모두 포함하고 있다는 것을 설명해 준다. 또한 각각의 이야기는 항상 주인공들이 등장한다고 설명해 준다. 그런 다음에 나는 그들에게 다른 가족들의 특징이나 혹은 가족사에 나타난 특징을 물어 본다. 그러면 그들은 자신들의 이야기 중 하나를 선택하게 되는 것이고, 또한 나에게 자신들이 선택한 이야기를 들려주게 된다.

내담자들이 조금 더 쉽게 과거의 이야기를 풀어 갈 수 있도록 돕기 위해 나는 심벌 같은 것, 즉 그들에게 가치가 있는 것들을 많이 이용한다. 예를 들자면 사진들이나 천 조각, 귀금속 혹은 책들과 같은 것들이다. 이러한 작업을 통해 그들의 이야기와 정체성은 재구성되어 가고 미래를 위한 의미 있는 기초석이 된다. 심벌을 이용하는 것을 통해 문자적이고 비유적인 것들의 아주 작은 먼지와 같은 것들조차 모아지는 것을 나는 발견했다. 막다른 골목으로 자신들을 몰아넣은 '필요의 이야기' (a story of need)의 영향 때문에 위기에 처한 사람들이 종종 과거에 대해 희미한 형상을 가지고 있는 것을 발견할 수 있다. 그리고 이 희미함이 현재의 정체성 결핍으로 연결되는 것을 볼 수 있다. 다음 상담 시간에 자신들과 연관된 또 다른 심벌들을 준비해 오기를 부탁하면 나의 동무(내담자)들은 심벌들을 준비하는 동안 자신들 자체가 자신의 정체성을 확인하려는 경향을 띠는 것을 나는 상담 경험을 통해 많이 보았다.

때때로 심벌을 중심으로 첫 번째와는 다른 두 번째 이야기가 만들어지는 경우도 있다. 제리트라고 하는 한 동무가 들려준 이야기를 예로 소개해 보겠다. 이 이야기는 그가 기억하고 있는 유년 시절에 있었던 아름다운 추억이라고 한다. 어느 날 저녁 그는 동생과 아버지와 함께 잔디를 깎았다고 한다. 그런데 하루는 그가 나에게 가져온 심벌은 오래된 운동복이었다. 그는 고등학교 시절에 항상 학교에서 도망을 가고 싶어했다고 한다. 그가 사용한 단어는 '탈출'이다. 그는 "필시 그것은 '탈출'이었다"라고 했다. 그의 상세한 설명은 이렇다. 그의 아버지는 갈수록 집을 비우는 일이 잦아졌고 백수건달 생활에 빠졌다. 당연히 어머니와의 마찰이 늘어만 갔고, 불행의 그림자가 짙게 드리워져 갔다. 그가 나에게 가져온 심벌인 낡은 운동복은 그가 처음 말한 유년 시절의 아름다운 추억과는 정반대의 대조를 이루는 이야기를 불러 낸 것이다.

위의 이야기는 제리트의 그저 한 부분에 불과한 이야기다. 그렇지만 동시에 미래를 건설하는 원 자재로서 중요성을 가지고 있다. 그가 나에게 이야기를 하는 동안 우리 옆에는 첫 아이를 임신한 그의 부인이 있었다. 그는 이야기를 하면서 자신의 미래를 위해 벽돌을 한장 한장 쌓아 가고 있었다. 그는 자신이 어렸을 때는 도망을 치고자 했던 것이 자신을 불안한 상황 속에서 탈출하게 해 주었다고 한다. 그러나 그는 또 말하기를 도시에서 자라날 그의 아들이 '탈출'을 원하는 그런 아이가 되지 않도록 도울 수 있는 그런 아버지가 되고 싶다고 했다. 그의 첫 번째 이야기는 그의 꿈과 연결되어 있다. 그리고 그의 두 번째 이야기는 그의 공포와 연관이 있다. 그는 과거로부터 자신의 이야기 들려주었다. 그러나 또한 동시에 자신의 이야기를 하는 동안 그의 아내와 함께 부모로서 자신들의 미래를 맛보고 미래를 위한 가치를 저울질하고 있는 것이다.

도표를 이용한 실례

나의 다른 출판물에서 이미 언급한 대로 나는 종종 상담적 대화를 위해 도표를 사용하기도 한다. 이런 도표 방식도 과거의 이야기를 햇빛으로 나오게 하는 데 상당히 도움이 된다. 이 장에서는 가계도(genogram)와 라이프 선 그리기(life line) 그리고 환경 도표(eco-chart) 등을 소개하겠다.

가계도(genogram)

가계도는 가족 구성에 대한 그림 도표다. 이것은 삼대 혹은 사대에 걸친 가족사에 걸쳐 내려오는 주요 패턴이나 가족사를 요약하는 것이다. 이것은 머레이 보우웬(Murray Bouwen)과 그의 제자들에 의해 발전되었으며, 세대 간의 반복적으로 관통하는 패턴을 확인하는 데 유용한 도구다. 가족의 연대(ties), 나이, 성(sex) 그리고 결혼, 이혼, 죽음과 같은 가족사의 이정표들이 이 도표 위에 알아보기 쉽게 그려진다. 만약 가족 모두가 이 도표를 그리는 데 참여한다면 더할 수 없이 좋다. 더욱이 가족이 함께 참여함으로써 감정의 분출과 서로를 이해해 가는 데 도움이

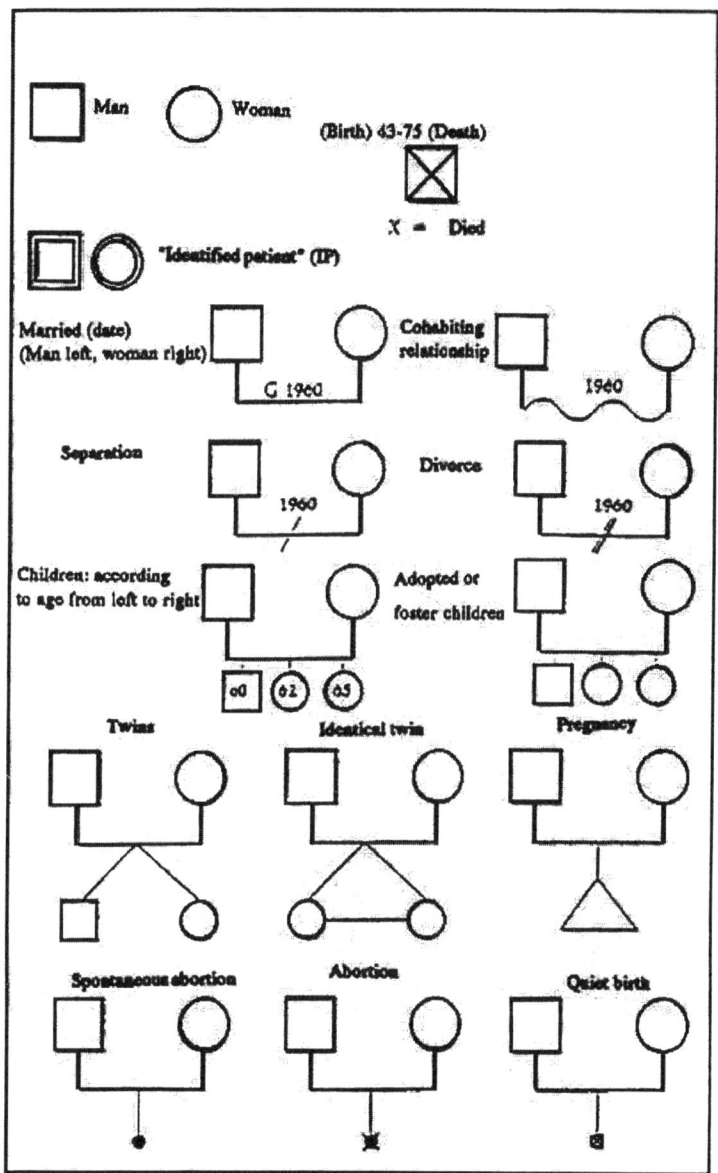

그림 1

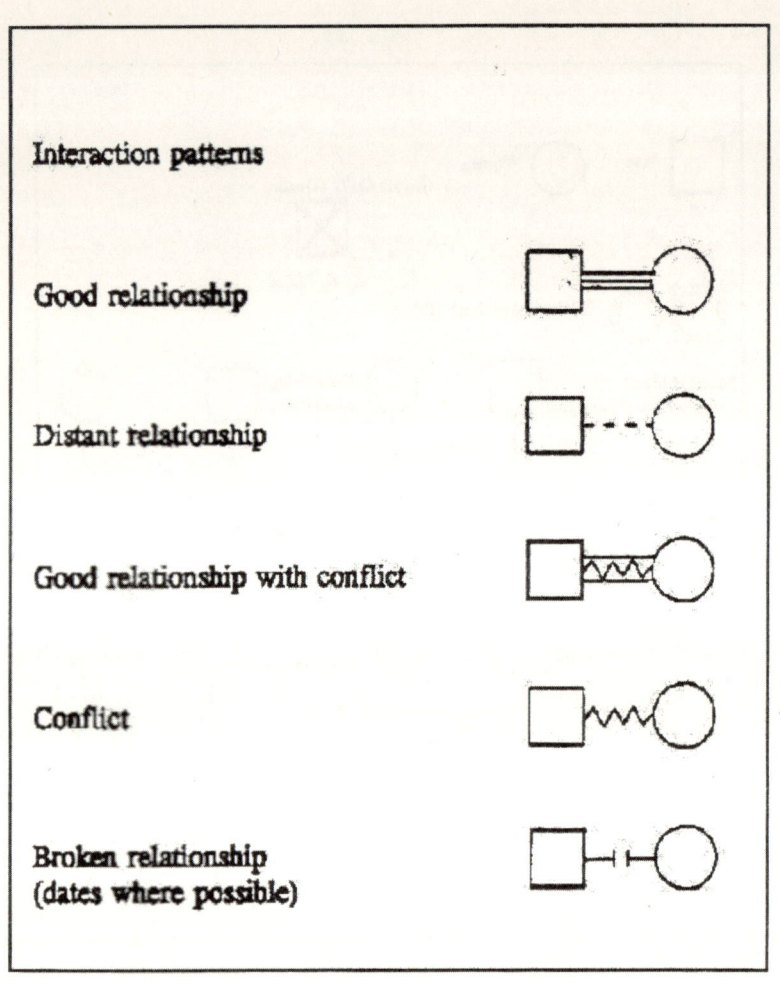

그림 2

된다. 그러나 가계도는 상담가에게 설명을 하기 위해 그려지는 것이 아니라 상담가와 참여자 모두가 가계도에 나타나는 현상에 대한 의미를 찾고 이해하는 데 주 목적이 있어야 한다.

가계도를 완성하는 데 있어서 상담실에 칠판이 준비되어 있으면 유용하다. 상담가가 그림을 그려 주면서 여러 가지 표식에 대한 의미를 설명해 준다. 아니면 종이를 나누어 주고 어떻게 가계도를 완성하는지 설명해 주며 가족 구성원 각자가 자신의 입장에서 가계도를 그려 보게 한다. 그 다음에 서로가 그린 것을 가지고 대조해 보며 대화를 나누게 한다.

가계도를 그리는 목적은 현재 가족 안에 일어나는 현상들을 더 깊이 이해하기 위해 그리고 가족 간의 관계성이나 구조에 숨어 있는 역학 관계를 드러내기 위해 가족사를 탐구하는 데 있다. 그렇기 때문에 구체적이면 구체적일수록 더욱 효과적이다.

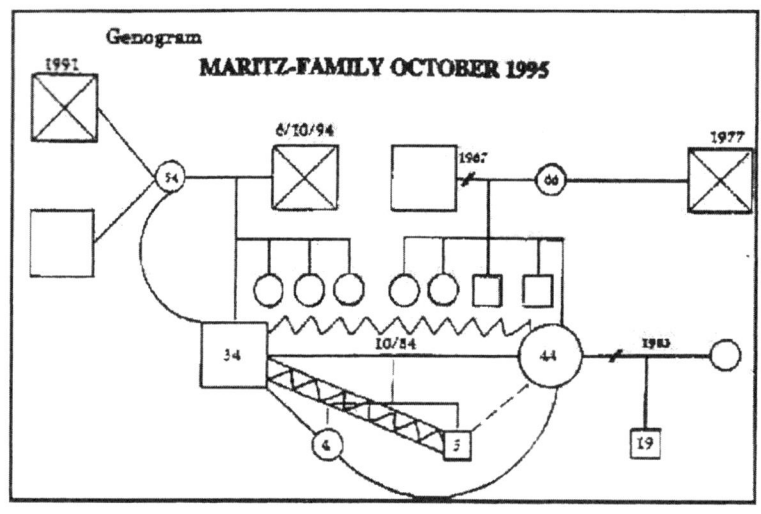

그림 3

라이프 선 그리기(life line)

아주 단순하지만 효과적인 방법 중의 하나는 라이프 선 그리기다. 이 활동은 우리 동무들(내담자)이 자신들의 이야기를 우리와 자연스럽게 나눌 수 있도록 해 준다. 나는 이것을 보통 집에서 숙제로 해 올 것을 부탁한다. 밑의 예와 같이 깨끗한 종이 한 장을 준비한 후에 아무데서나 선 그리기를 시작하게 한다. 그런 후에 생활의 흐름을 그림으로 그려 보게 한다. 선을 이용해서 위아래 그리고 표나 부호 같은 것을 그리고, 밑선에는 전환점인 연도를 기입한다. 라이프 선 그리기는 이야기 역사의 한 장을 보여준다.

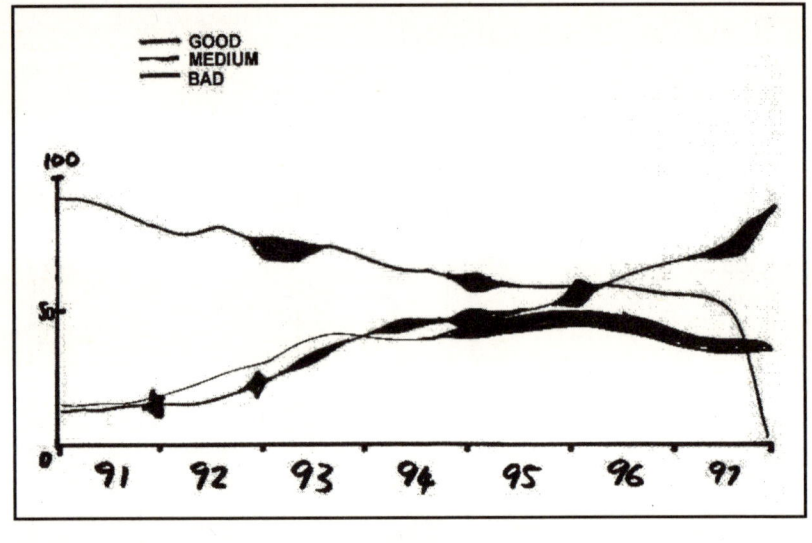

그림 4

라이프 선은 연대기 이상의 의미가 있다. 라이프 선 그리기에는 이미 사건에 대한 해석이 내포되어 있기 때문이다. 이 해석된 그림은 이야기로 승화될 수 있다. 이 선 그리기를 더욱 선명하게 이야기화하려면 색을 첨가하는 것도 좋은 방법일 것이다. 개개인은 세 가지 정도의 색을 이용하여 좋았던 것, 나빴던 것 그리고 보통인 것 등으로 구분지어 볼 수도 있다. 색을 선택한 것도 역시 이야기가 될 수 있는 것으로 상담적 대화를 이끌 수 있는 요소가 된다.

이러한 활동은 과거의 이야기에 대한 정보를 드러낼 수 있게 하고 사람들로부터 과거에 대한 사건들을 재해석할 수 있는 기회를 부여한다. 보통은 이 활동이 사람들에게 과거의 무늬에 반하여 자신들의 '필요의 이야기'(story of need)에 다시 접근해 볼 수 있게 한다. 그림 4와 5는 한 커플이 개별적으로 자신들의 결혼 이야기인 1991부터 1997년까지를 그려 본 것이다.

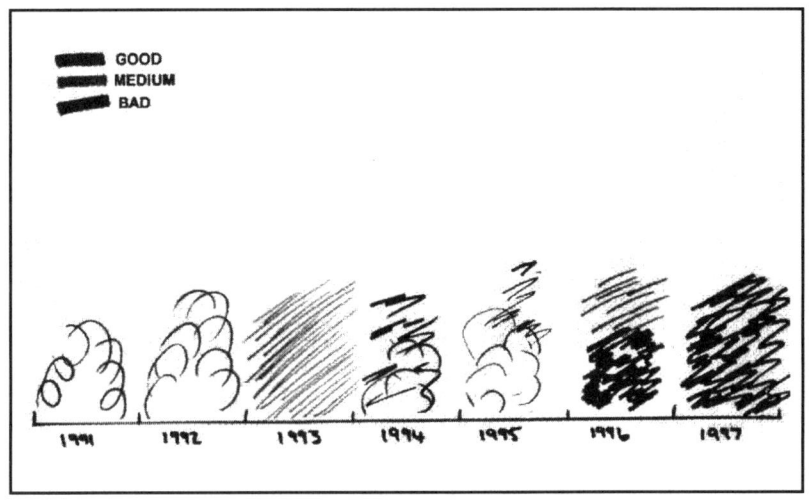

그림 5

생태 환경 도표(The ecochart)

생태 과학에서는 살아 있는 생명체와 그들의 환경 사이에는 아주 긴밀한 연관 관계가 있다고 말한다. 인문학에서는 인간은 자신이 몸담고 있는 상황과 깊은 연관이 있다는 이해를 돕기 위해 생태학적 비유를 채택했다. 그러므로 상담실을 찾은 가족들과 생태 환경 도표를 그려 보는 것은 상담적 대화를 하는 데 가치가 있다. 한 가족의 생태 환경은 사회, 경제, 정치적인 것과 다른 어떤 구조들과 어우러져 그 가족의 배경을 규정짓는다.

생태학적 접근법은 복잡다단하고 개별적인 삶(데이터)의 총체적인 면을 직접적으로 보고자 한다. 그와 같이 환경 도표는 데이터의 개괄적인 면과 데이터 간의 연관성들을 밝히고 정의해 보고자 개발된 것이다. 상담실을 찾은 가족들과 의미 있는 대화를 이끌어 내기 위해 이 차트는 유용하게 사용될 것이다. 가족들과 이 도표를 그리는 활동은 그들에게 자유함을 경험케 한다. 차트를 그리면서 그들을 둘러싸고 있는 실체들을 확인하게 되고, 개개인이 자신 자체로 평가 받거나 존재 그 자체로 인정되는 것이 아니라 어떤 구조의 일원이었음을 발견하게 된다.

환경 도표는 아무것도 그려지지 않은 깨끗한 종이에서부터 그릴 수도 있고, 아니면 미리 윤곽을 그려 놓고 간단하게 채우는 작업을 할 수도 있다(밑의 예를 참고하라). 간단한 가계도(genogram)는 큰 원의 중심부 안에서 그려질 수 있다. 그 다음 작업은 가족과 자신들의 환경에 대한 다른 관점 사이에 연관되는 것을 그려 넣는 것이다.

환경 도표를 그려 보는 것은 단지 가족 상황에 대해 균형을 잃지 않고 접근해 보려는 시도만이 아니라 가족 상황에 대한 다른 면이 존재하는지를 확인해 보려는 것이다. 예를 들자면 왜곡된 가족 간의 관계성이나 한두 사람에 의한 일방적인 관심사 등이 이 도표를 통하여 드러날 수 있다.

가계도의 예에서처럼 가족 멤버들은 적극적으로 환경 도표를 구성하는 데 열중해야 하며 환경 도표는 또한 그들의 해석이 실린 것이다. 목회자는 이때 질문을 통해 그들의 작업을 도울 수 있다. 그러나 모든 것은 그들이 이 도표를 만들고 해석하는 주체임을 각인해야 한다.

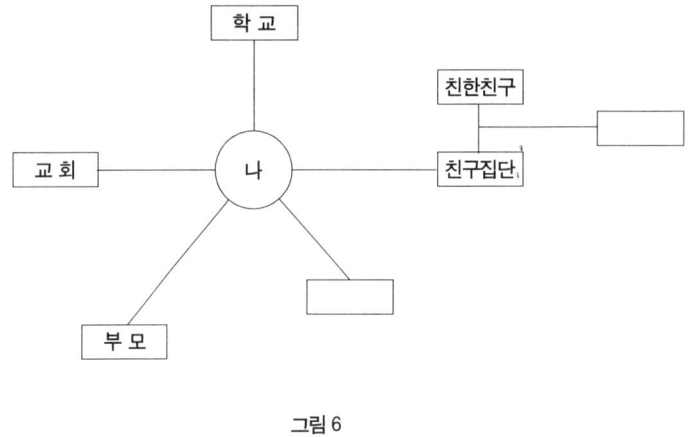

그림 6

미래에 대한 불분명한 이야기(the clouded story of the future)

미래에 대한 이야기는 명백하게 드러내지는 것이 아니라 은연중에 암시되는 것이다. 과거의 이야기가 해석적 잡업을 통과하며 어떤 형태를 부여 받으면서부터 이 과거의 이야기는 현실 밖으로 드러날 수 있는 실체, 즉 이야기가 될 수 있다(being told). 그렇지만 미래의 이야기는 아직까지도 과거라는 자궁(in the womb of the past) 속에서 태아로 자라나고 있다. 존 레이드(Joan Laird 1991: 437)는 이야기되지 못하는(cannot be told) 이야기를 '이야기되지 않은 것' (unstory)이라고 개념지었다. 가끔 어떤 경험들은 단순하게 언어로 표현되기 어려운 것들이 있다. 말하기가 심히 고통스러운 것 등이 그것이다. 나는 레이드의 개념 '이야기되지 않은 것'(unstory)을 미래에 대한 불분명한 이야기라고 규정한다. 그러기에 미래의 이야기를 다루는 데 있어 목회자나 상담가에게는 해산을 돕는 의사와 같이 과거의 이야기를 다룰 때보다 더욱 신중하고 정밀한 자세가 요구된다. 아직 가공되지 않은 미래에 대한 이야기 그 자체가 과거라는 주머니로부터 끄집어내어져야 한다.

제4장에서 소개한 젊은 부부 리나와 쿠스의 결혼 이야기가 좋은 예일 것 같다. 이 젊은 부부의 유년 시절의 이야기들은 현재 자신들이 바라고 있는 미래에 대한 갈등을 만들어 내고 있다. 그러므로 그 둘이 서로 생각하는 미래의 이야기는 불분명한 것이다. 그들의 과거 이야기는 자신들의 앞으로의 결혼 생활을 위해 뭔가를 시도해 보려는 그 어떤 동기도 부여하지 않는다. 그들은 미래의 결혼 생활에 대한 꿈을 가질 수 없다. 왜냐하면 그들은 자신들을 미래의 전체적인 그림 안에서 볼 수 없기 때문이다.

리나와 쿠스와는 다른 이야기를 소개해 보겠다. 델린과 존이라는 중년 부부의 이야기다. 그들은 심각한 결혼 생활의 위기를 맞고 있었다. 그럼에도 불구하고 동시에 그들의 이야기에는 주옥과 같은 내용이 숨어 있었다. 그들의 이야기는 과거와 희망의 미래가 연결되어 있는 좋은 본보기다. 그들의 이야기를 들어보자.

델린의 어린 시절 이야기

페트시가 내 옆에 있는 산뜻하고 아늑한 자신의 푸른색 침대에 누워 있다. 나는 내 침대 위에 앉았다. 그리고 붉은 눈을 가진 내 귀염둥이 햄스터와 놀았다. 부모님은 이 귀염둥이를 못 키우게 하시지만 나는 영원히 이 귀염둥이를 내 방에 숨겨 놓고 키울 것이다. 왜냐하면 페트시만큼이나 이 햄스터는 귀여운 녀석이기 때문이다. 페트시는 내가 여섯 살 때 크리스마스 선물로 받은 것이다. 패트시는 금발의 곱슬머리이고 파란 눈을 가졌다. 그리고 그는 눈을 깜짝거릴 수 있는 나의 첫 번째 인형이다. 나의 사촌 레네트가 가지고 있는 수많은 인형들과는 다른 것이다. 레네트와 내가 병원 놀이를 할 때는 언제나 인형들로 침대의 가장자리를 꽉 채우고 했다. 그 때마다 패트시는 더욱 특별했다. 나는 페트시가 언젠가는 진짜 나의 살아 있는 딸이 될 것이라고 믿었다. 왜냐하면 내가 작은 담요로 페트시를 꼭꼭 싸매어 주고 오랫동안 내 옆에 두면 페트시의 몸은 따스한 온기가 생기지 않을까 믿기 때문이다. 페트시가 생명을 갖게 되는 것은 단지 시간 문제라고 나는 생각했다.

어느 날 갑자기 나는 네 살 된 남동생이 걱정되었다. 그는 살금살금 기어서 나의 방에 침입했다. 그리고 반은 두려운 눈으로, 반은 호기심에 찬 눈으로 나를 응시했다. 나는 마치 아무런 죄를 짓고 있지 않은 것처럼 능청스럽게 그 녀석을 떠보았다. "너 내가 무엇을 가지고 있는지 알아?" 내 동생은 두려움과 호기심이 섞인 목소리로 대답했다. "응, 엄마가 그러는데 그것은 페스트병을 옮긴데." "응 맞아, 엄마는 쥐에 대해서는 굉장히 단호하셔. 늘 그러시는데 쥐는 페스트를 나르는 놈이라고 이야기하시지." 나는 내 동생보다 네 살이 더 많다. 그리고 나는 재빨리 내 동생이 엄마에게는 착한 아이들이 보통 다 그러하듯이 내 방에서 있었던 일을 고하지 못하도록 막을 수 있는 계획을 세워야 한다. 그래서 나는 "너 만약 이 사실을 엄마에게 말하면 나도 네가 지난 주말에 나와 레네트 앞에서 네 고추를 내놓고 길가에다 오줌 싼 이야기를 할 거야"라고 으름장을 놓았다. 그러자 그 녀석은 눈이 황소 방울만해지면서 "절대로 말하지 않을 거야"라고 하며 내 방에서 도망쳤다.

어느 주일 오후에 나는 내 창문으로 흘러 들어오는 겨울 햇살을 즐기면서 패트시냐 아니면 햄스터냐 둘 중의 하나를 택하는 상상에 빠져 있었다. 이해가 가지 않는 것은 고 귀여운 햄스터 녀석이 어떻게 그런 무서운 병을 옮길 수 있느냐는 것이었다. 그 녀석은 내가 발라 준 아기 파우더 냄새만 날 뿐인데 …. 나는 엄마가 내 카멜레온을 버렸다는 것을 안다. 그렇지 않고서는 카멜레온이 없어질 이유가 없다. 그렇다고 그게 자기 혼자 걸어 나갔을 리도 없고 말이다. 내 카멜레온에게 그랬던 것처럼 엄마는 또다시 내 햄스터에게까지 그렇게 하시지는 못할 거다. 왜냐하면 나는 그 녀석의 침실을 아주 안전하게 내 침대 아래 만들어 주었기 때문이다.

월요일 날 방과 후에 나는 집에 빨리 가야만 했다. 내 방에서 나의 사랑스런 햄스터와 지금은 인형이지만 진짜 아기가 되어 가고 있는 패트시가 기다리고 있기 때문이다. 나는 곧장 내 침대로 가서 작은 박스를 끄집어냈다. 그러나 … 그러나 아무것도 없었다. 나는 놀라서 그 녀석을 찾기 시작했다. 그런데 오, 세상에 … 내 아기 패트시의 얼굴이 반은 갉아 먹혔고 한쪽 손과 팔의 반도 없어졌다. 조각들이 침대고 뭐고 사방에 흩뿌려져 있었다.

나는 슬픈 나머지 마치 내 배 위에 큰 바위 덩이가 얹혀져 있는 듯했다. 죽이고 싶은 마음으로 나는 이 쥐새끼를 찾기 시작했다. 나는 옷장 뒤에서 이 살인마를 찾자마자 이 놈의 앞발을 단단히 묶고 죽이기 위해 짓누르기 시작했다. 그러나 갑자기 나는 그의 작은 가슴이 고동치는 것을 느꼈다. 나는 차마 이 놈을 죽일 수가 없었다. 나는 이 놈을 데리고 가능한 한 빨리 이 놈을 처음 샀던 가게로 달려갔다. 그리고 다시 집으로 돌아왔다. 나는 울지 않을 것이다. 나의 실수로 인해 나의 아기 페트시는 죽었다. 나의 주의 깊지 못하고 무책임한 행동 때문에라도 나는 두 번 다시 다른 인형을 가질 수 없을 것이라고 생각했다.

나는 어렸을 때 책 보기를 좋아했고, 사내아이들처럼 나무 위에 지어 놓은 나만의 아지트에 올라가기를 좋아했다. 어느 크리스마스 날 밤에 할머니와 나의 부모님이 나에 대해 이야기하시는 것을 들었다. 엄마는 내가 너무 책벌레라고 하셨고, 아빠는 내가 계집애답지 않고 너무 사내아이 같다고 하시면서 서로 논쟁하시는 거였다. 그때 나는 나 자신이 우리 가족에게 중요한 사람이구나 하는 생각과 더불어 다른 한편으로는 가족에게 걱정을 끼치고 있다는 죄 의식을 가졌다.

필자는 델린의 어린 시절의 이야기를 들으면서 이런 생각을 했다. 그녀의 어린 시절의 이야기는 그녀의 복잡한 미래 이야기의 단초가 되고 있다. 그녀의 애완 동물은 그녀의 장난감들을 갉아 먹고 있다. 삶 속에 무엇인가 가치 있는 것이 역설적이게도 여러분의 행복을 갉아 먹기도 한다. 마치 델린이 경험한 것과 같이 말이다. 그녀의 어린 시절의 이야기는 그녀의 삶 속에서 자신의 결혼 생활과 자아 성취라는 동기들이 서로 갈등 구조에 있다는 것을 표현하기도 한다.

존의 소년 시절 이야기

지금까지 나의 뇌리에 강렬하게 남아 있는 내가 어렸을 때의 한 사건이 있다. 그것은 병든 나의 할아버지와 관련된 것이다. 나는 할아버지를 무척 좋아했고 나의 이름조차 할아버지의 이름을 따서 지었단다. 그런데 내가 열두 살 때 할아버지는 돌아가셨다.

할아버지는 농장 일을 그만두고 어느 교회의 중역이 되셨다. 동생과 나는 할아버지가 교회에 가실 때마다 같이 따라다녔고, 청소도 도와드리곤 했다. 그리고 우리는 교회에서 노는 것을 좋아했다. 아마 내가 초등학교 1학년이나 2학년 때였을 것이다. 어느 주일 날 나는 할아버지와 함께 교회에 갔다. 나는 교회 첨탑 위에 있는 전망대를 보고 호기심이 발동했다. 그 위에 올라가면 뭐가 잘 보일 듯했다. 그래서 나는 아주 조심스럽게 첨탑에 기어오르게 시작했고 마침내 꼭대기에 도착했다. 그런데 문제는 내려오려는데 어떻게 해야 할지 몰라 당황하기 시작했다는 것이다. 나는 비명을 지르기 시작했다. 내 비명을 듣고 할아버지가 교회 밖으로 나오셨다. 할아버지는 나의 곤경에 처한 상황을 직시했지만 첨탑에 오르기에는 너무 늙으셨다.

할아버지는 잔디에 누워 나를 바라보면서 침착한 목소리로 내가 한발 한발 내려올 수 있도록 가르쳐 주셨다. 나는 아마도 약 한 시간 반 정도는 걸려서 내려왔을 텐데도 거의 하루 종일 내려온 것 같은 순간이었다. 내가 땅에 다 내려온 직후, 할아버지는 조용히 일어나서 나에게 다가오셨다. 그리고 혁대를 풀어서 나를 타작하시듯 하셨다. 할아버지에게 그렇게 맞아 본 적은 단 한 번도 없었다. 이 사건은 내가 경험한 그 어떤 사건보다도 너무 뚜렷이 내 기억 속에 남아 있다.

존의 어린 시절 이야기는 어린 아이들에게 흔히 있는 일임에도 불구하고, 공경에 처한 손자를 구한 지혜로운 할아버지의 이야기는 자못 감동적이다. 존이 바라는 것이 바로 이것이었다. 존은 지금 자신이 공경에 처한 상황으로부터 지혜롭게 도움을 줄 수 있는 할아버지를 갈망하고 있다. 그는 할아버지가 야단치신 것을 잘 견딘 것처럼 지금도 남자답게 견딜 수 있다. 그러나 어렸을 때 자신이 첨탑 위에서 어쩔 줄 몰라하던 것처럼 지금 그는 위기에 봉착하여 어찌 할 줄을 모르고 있다. 그는 누군가가 할아버지같이 주의 깊게 천천히 자신을 도와주기를 바라고 있다.

델린과 존의 과거 어린 시절의 이야기는 그들의 긍정적이고 희망적인 미래 이야기를 만들어 가는 데 많은 것을 제공했다.

나는 저킨(Gerkin)의 생각에 동의한다. 우리가 인생의 막다른 골목에 들어섰을 때, 그리고 어디로 가야 할지, 미래를 위해 무엇을 해야 할지 전혀 분간치 못하는 상황에 놓여 있을 때 우리는 인생에 대해 진지하고 진정한 질문을 한다고 그는 말했다.[32] 그렇다. 삶이 순조로운 바람을 타고 가는 동안에는 삶에 대한 근본적인 질문을 하지 않는다. 그러나 그 순풍이 그치고 우리 앞에 큰 벽이 가로놓인 것을 느끼는 순간 우리는 그러한 질문을 피해 갈 수 없다. 이러한 관점에서 보면, 희망 없는 미래라고 생각되는 것은 어떤 점에서는 의미 있는 변화를 줄 수 있는 근본적인 동기를 부여하기도 한다.

퍼지그(Persig)는 그의 책 「참선과 오토바이 유지에 대한 예술」(*Zen and the Art of Motorcycle Maintenance*)에서 자신의 오토바이 뒤에 타고 모든 여행 일정을 함께 한 아들의 이미지를 사용하여 저킨의 말을 설명한다. 그는 어느 날 오토바이에 아들을 태우고 달리던 중, 아들이 아버지의 등을 붙잡고 발판을 딛고 일어서 보고 싶어하는 것을 허락했다. 아들은 굉장히 기뻐했다. 퍼지그는 그때 자기 아들이 여행하는 동안 늘 자신의 등만을 바라보고 있었다는 것을 깨달았다. 그런데 갑자기 아들은 미래에 대한 관점(적어도 바로 앞에 대한)을 가지게 되었다. 그리고 그것이 아들에게는 이제껏 오토바이를 타면서 경험했던 것과는 다른 경험을 할 수 있게 했다는 것이다.

사람들이 상담가를 찾는 여러 가지 이유 중의 하나는 자신들의 관점

---

32) Gerkin, C. V. 1984. *The Living Human Document*. Nashville: Abingdon Press. 122.

의 결여와 또한 자신들 앞에 있는 등만 바라보고 있는 것에 대해 실증이 나 있기 때문이다. 만약 그들이 자신들 앞에 놓여 있는 길을 볼 수 있도록 도움을 받는다면, 그들의 현재의 삶에 대한 총체적 경험은 변화를 가지고 올 것이다.

종종 나의 동무들(내담자)은 불투명한 미래의 이야기를 하지 않으려 하는 경향이 있다. 반면에 상징적으로 말하자면, 그들은 계속 자신들의 아버지의 등만 바라보려 한다. 그들은 자신들의 고통과 아픔에 젖어 있다. 그리고 그들은 이같이 수동적인 모습으로 우리의 대화를 이끌어 가려고 한다. 그러나 나레이티브 상담가라면(혹은 뭔가 다르게 말하고자 하는 상담가라면)―즉 내담자의 현재 이야기가 미래의 이야기에 대하여 무엇을 꼭 말해야 하는지를 일깨우고, 그 자체를 말하려고 시도하는 상담가라면―내담자가 불분명한 미래의 이야기에서 빠져 나올 수 있도록 도와줄 수 있을 것이다. 이런 상담가와 내담자는 서로가―내담자를 위한 것만이 아니라 상담자를 위한 것이기도 한―미래에 대한 이야기를 함께 공동적으로 만들어 가는 것이다. 미래의 이야기, 즉 현재의 것보다 나은 이야기는 미래를 내포하고 있는 현재의 이야기에 충실할 때 상상 가능하다.

다시 쓰는 과거의 이야기(Re-authoring the story of the past)

나레이티브 상담 과정의 특징은 위에 언급한 5단계를 단계의 순서로 그리고 단계별로 굳이 정확하게 나눌 이유가 없다는 것이다. 특히 4단계의 '과거 이야기에 대한 재저술'(re-authored story of the past)의 과정과 5단계인 '상상적 미래의 이야기'(imagined story of the future)의 과정은 더더욱 그렇다. 우리의 상담 과정은 끊임없이 과거와 미래가 변증법적인 나선형으로 발전되어 가는 과정을 밟아 갈 따름이지, 어떤 한 시점을 마치고 다음 시점으로 넘어간다든지 어느 한 시제에만 초점을 맞추는 선(straight line)적이고 경직된 과정을 따르지 않는다. 어느 한 점에서 어떤 것을 재구성하는 것은 어떤 다른 곳, 그리고 그 시점에서의 이미지를 함축하고 있으며 그 역이기도(vice versa) 하다. 엘리어트(T.S Elliot)는 자신의 시 *Little Gidding*에서 이렇게 표현하고 있다.

> 앞으로도 우리는 탐구하는 것과
> 그 탐구의 끝을 보는 것을 그만둘 수 없다.
> 우리는 언젠가는 도착할 것이다.
> 우리가 시작한 그 점이
> 그리고 그 장소가
> 처음 그 시간을 위한 장소였다는 것을 알 것이다.

삶의 이야기를 긍정적으로 재구성(reframing)해 가는 것은 이야기하는 화자의 정체성을 강화하는 데 길라잡이가 된다. 이야기가 이야기 자체로 의미 있는 것이 아니라, 그 이야기가 이야기됨으로써 이야기에 의미들이 부여되고 해석되는 것이다. 이야기를 구성하고 있는 사건을 다른 각도에서 그리고 새로운 의미가 부여됨을 통해 이야기는 재구성되어 간다.

어떤 이야기, 특히 자신의 개인적인 이야기를 한다는 것은 객관적인 사실들을 한 줄로 연결해 내는 단순한 작업을 의미하는 것이 아니라 자신의 경험을 말로 드러내는(verbalizing) 것이다. 말로 드러낸다는 것은 경험을 해석해 나가는 것이나 다름없다.

과거를 말하는 것(telling of the story of the past)과 과거의 이야기를 재구성하는 것(reframing of the story of the past)의 차이는 '뒤돌아가는 것' (backtracking)과 '고리들을 연결하는 것' (looping)[33]의 차이라 할 수 있다. 과거를 말하는 것은 단지 뒤돌아보기나 뒤돌아가는 것과 진배없다. '고리들을 연결하는 것' (looping)은 마치 염주와 같이 앞에 있는 고리는 바로 뒤에 따라오는 고리의 앞에 있지만 이것 역시 다시 뒤따라가는 고리가 되는 것과 같은 이치다. 마치 당신 자신을 좇아가는 것과 같은 것으로, 당신의 발자국을 되밟아 가고 주체적으로 되돌아보고, 자신의 길들을 다시 새롭게 이해해 가는 것이다. 고리 연결하기는 이야기를 재구성해 보는 것이며, 다른 관점에서 문제들을 밖에서 관찰하고 다시 안에 들어가서도 관찰해 보는 것이다.

일반적으로 사람들과 가정들은 끊임없이 그리고 무의식적으로 자신들의 연대기를 해석해 가며 살아가고 있고, 그 속에서 이야기(역사)를 만들어 가고 있다. 현재와 미래 안에서 변화를 바란다면 자신들의 해석을 통해 구성해 왔던 이야기들이 재해석되어야 한다. 그러할 때 변화의 기초가 마련되는 것이다.

재해석은 결국 재구성(reframing)[34]을 위함이며 이 재해석과 재구성

---

33) Estes, *Woman Who Run with Wolves*. Bergvlei, S.A: Random House 59.
34) '재구성'의 전통적인 정의는 Watzawick, Weakland 그리고 Fisch에 의해 정리되었다. 그들에 의하면 재구성하는 작업은 개념적인 것, 감성적인 것들 그리고 경험된 상황과 같은 것들에 대한 관점들에 대해 변화를 가져오는 것을 의미한다. Watzlawick, P., Weakland, J. H., Fisch, R. 1974. *Change: Principles of Problem Formation and Problem Resolution*. New York: W.W Norton &Company. 95.

의 과정은 언어를 통해 이루어진다. 베이트슨(Bateson)은 자신의 책 *A Theory of Play and Fantasy*에서 '골격'(frame)이란 단어를 처음 사용했다. 그가 말하는 골격이란 은유적으로 말하면 그림의 액자와 같다. 그림을 그린 종이나 벽을 도배한 종이나 종이이기는 매일반이다. 액자는 그림의 종이와 도배한 벽의 종이가 다르다는 경계선을 쳐 준다. 비록 액자가 그림을 그림 되게, 즉 더욱 산뜻하게 할지라도 액자 자체는 벽에 붙어 있는 그 그림과 똑같은 주의를 끌지는 못한다. 액자는 그림의 뼈대만을 세워 주며 그림을 벽에 붙일 수 있도록 하는 역할만을 한다. 벽에 붙어 있는 그림처럼, 가공을 거치지 않은 우리의 경험은 어떤 계속되는 정보의 결과물이다. 그러나 우리가 그 결과물들을 이야기로 만들어 이야기하는 것은, 그림에 액자를 만들어 주는 것과 같이 우리가 어떤 것들에 대해서는 강조를 하면서 이야기에 골격을 만드는 것이나 다름이 없다. 이러한 과정들을 통해 경험은 가치가 있게 되는 것이다.

다시 뼈대를 세우는 작업이 쉽게 이루어지는 것은 아니지만 이 작업은 개념들을 새롭게 재구성해 가는 것이고, 우리가 사건을 해석하기 위해 사용했던 인식의 지도(cognitive maps)를 교체해 보는 것이다.

나는 언젠가 사해에 있는 도시(Salt Lake City)에 가 본 적이 있다. 저녁 무렵 그 곳에 도착하자마자 약 한두 시간에 걸쳐 그 곳의 지리적 위치를 확인(해석)해 보았다. 나중에 안 사실이지만 짧은 시간에 내가 접한 정보는 부정확한 것이었고 내가 참고했던 지도의 위치 서쪽은 기실 북쪽의 것이었다. 나는 결국 나의 나머지 여행 시간을 위해 새롭게 지도를 보아야 했고 나의 생각대로가 아니라 정확한 지도의 위치에 의해 그 도시를 다시 보아야 했다. 이러한 내 경험은 이야기를 재구성하는 작업이 쉽지 않다는 것을 가르쳐 주었다.

나레이티브 이론들은 가끔 재구성하는 작업이 쉬운 것 같은 착각을 하게 할 때가 있다. 마치 사고의 전체적 구도를 구성하는 데 단순한 재구성 작업만으로도 충분한 것처럼 느끼게 한다. 생각해 보라. 북쪽과 서쪽의 지리적인 위치를 조절하는 것조차 쉽지 않을진대 수 년에 걸쳐, 아니 때론 평생에 걸쳐 구성되고 믿어 왔던 신념들이 재구성되기란 결코 쉬운 것이 아니다. 그럼에도 불구하고 분명한 것은 재구성하는 작업은 매우 가치 있는 실천이며, 더군다나 변화는 재구성 작업 없이는 절대로 일어나지 않는다는 것이다. 그러기에 사실상 불가능하다고 여겨지는 것들에 대해 더욱 깊이 있는 통찰이 요구된다. 이러한 실천적인 과제가 마치 가구의 재배치를 하는 것과 같이 여겨져서는 안 된다. 이것은 마치 침실을 부엌으로 사용하려는 것과 같은 전혀 새로운 시도인 것이다.

보스졸매니-나지(Boszormenyi-Nagy)[35]의 상담 기술 '신뢰하기'(crediting)가 바로 이야기를 재구성하는 한 형식이다. 이 방법론에서는 보이지 않는 충직성(invisible loyalties)이라는 개념이 채택된다. 보스졸매니-나지의 이론은 피는 물보다 진하다는 속담과 같은 것과 비슷하다. 우리는 우리 주위의 도처에 퍼져 있는 전 세대의 구습에 맹목적으로 충직하다. 얼마만큼 부모님 세대의 구습을 우리가 인식하고 있는지는 우리에게 문제가 되지 않는다. 우리는 맹목적으로 그분들의 것을 변론하려는 경향이 있다. 전 장에서 예를 든 것처럼 내 안에 있는 러시아의 인형은 나의 실존적인 삶보다 더 깊게 나에게 영향을 미치고 있다. 불행하

---

[35] 헝가리계의 미국인으로서 가족 상담가인 이 사람은 상담 이론에 있어 누구에게도 비교되지 않을 만한 기여를 했다. 1988년 초에 이 사람의 연구 시리즈들이 필자인 나와 함께 남아공의 프레토리아 대학에서 완성되었다.

게도 우리의 충직성은 재수정과 재구성의 길에 항상 도움이 되는 것만은 아니다. 가족간의 관계성과 부부 관계에서 이러한 충직성은 때로 그 자신들을 고집쟁이로 만들며 변화에 경직된 사람으로 만드는 원인이 된다. 가끔 이러한 충직성은 굉장히 강한 힘으로 개인에게 부모님 세대가 걸어왔던 부정적인 행동을 채택하게 만든다. 비록 그 자신이 그 부정적인 행동으로 인해 고통을 받을지라도 말이다. 그래서 많은 리서치들의 보고에 의하면 알코올 중독자 부모를 둔 아이가 알코올 때문에 고통을 받았으면서도 나중에 부모와 같이 알코올 중독에 빠지며, 성적 학대를 받았던 아이가 비슷한 악행을 저지르게 된다고 한다. 이러한 전 세대의 구습에 대한 충직성은 개인을 마치 자신이 그 세대와 전혀 새롭거나 나은 것이 없다고 믿게 강제하는 힘이 있다. 만약 당신이 전 세대보다 월등하다고 생각하기 시작하면 그 때부터 당신은 구습에 대해서는 멀어지게 된다. 상담가인 우리는 상담실 안에서 이러한 현상을 자주 목격하게 된다. 비록 비논리적이거나 파괴적인 양상으로 나타나는 경우도 있기는 하지만 말이다.

'신뢰하기'(crediting)는 개인 그 자신이 실천했던 결과들에 대해 일단 인정해 주는 것을 의미한다. 이러한 '신뢰하기'는 그 개인이 좀더 발전적인 생각을 시도하고 자신의 삶에 더욱 충직한 방향을 구성해 가도록 돕는다. 재구성 작업을 위한 또 다른 방법론은 '문제의 객관화'(externalization of the problem)다. '객관화'(externalization)는 미셸 화이트(Michael White)[36]가 발전시킨 이론이다. 그의 이론에 의하면 상담가는 내담자들 스스로가 자신들의 밖에서 자신들의 문제를 볼 수

---

36) Wite, M. *Selected Papers*. Adelaide: Dulwich Centre Publications.

있도록 도와주는 사람이다. 즉 문제를 자신의 안에서 밖으로 끌어낸 후 그 문제를 해부해서 논의함을 말한다. 이 방법은 치유 상담을 위한 것으로서 사람들에게 자신들이 경험한 문제들을 의인화(personifying)하고 객관화(objectifying)를 통해 문제의 힘을 약화시키도록 돕는다. 이 방법에 의하면 문제는 그 문제를 안고 있던 사람과 완전히 개별화하여 하나의 실체가 되는 것이다. 그리고 내담자들은 그 문제들이 마치 자신들의 밖에 그리고 표면에 있는 것처럼 취급하며 문제들과 이야기를 할 수 있어야 한다. 이 방법은 사람들에게 자신들을 위한 새로운 이야기와 자신들과 문제들의 관계를 새롭게 구성할 수 있도록 도와준다. 사람들은 끊임없이 자신들의 경험을 해석해 가며 살고, 그들은 종종 문제가 침투된(problem-saturated) 결과 안에서 산다고 했다.

'문제의 객관화' 작업은 사람들 자신에게 이제껏 자신들의 삶에 영향을 주고 형태를 부여하고 자신들을 지배하던 이야기들과 그들 사이에 거리를 유지할 수 있도록 돕는다. 이 과정 속에서 사건들은 다른 의미로 재해석될 수 있는 가능성이 열리게 된다. 부정적인 관점으로만 보던 자신들의 이야기들로부터 자유롭게 됨으로써 사람들은 이전에는 생각지 못했던 것들(혹은 무시했던 것들)이나 경험했던 것들에 대한 관점들, 가치들을 발견하거나 깨닫게 된다. 화이트는 이러한 과정에서 나타난 관점들을 '독창적(유일한, 독특한) 결과물(수확물)' (unique outcomes)이라고 명명했다. 이 '독창적 결과물(수확물)'에 기초하여 개인의 이야기들은 새로운 의미를 부여받고 재구성된다. 새로운 의미가 부여되거나 재구성된 이야기는 사실은 옛날 이야기(the old story)다. 그렇지만 새 옷을 입은 전혀 다른 새 이야기다. 왜냐하면 이것은 이전의 이야기에서 부정적인 의미와 주제들을 잘라낸 새로운 모습의 이야기이기 때문이다.

빌 오 헨론(Bill O' Hanlon)[37]은 '객관화'를 어떻게 이용할 것인가에 대해 나레이티브 접근법으로 간단하지만 유용하게 개괄하고 있다. 첫째로, 동무(내담자)가 이야기한 문제에 반드시 이름을 짓는다. 상담가와 동무가 함께 이름 짓기를 하는 행위에 의해 상담가는 그의 동무와 문제에 대항할 수 있는 파트너십을 건설할 수 있다.

예를 들어 보자. 결혼 생활 석 달째를 맞는 로렌스와 마리카가 나를 방문했다. 마리카에게는 이 결혼이 두 번째이고 로렌스에게는 세 번째 결혼이었다. 그들은 재혼 가정의 전형적인 문제인 가족 상호간의 관계 설정의 어려움에 처해 있었다. 결혼 전, 마리카의 세 딸은 아저씨 로렌스에게 상당히 호의적이었다. 그러나 지금은 딸들이 로렌스에게 거의 반목하는 상황이다. 로렌스는 자기의 의붓딸들이 자신에게 반목하는 것 때문에 상처를 받았다. 아무리 마리카가 딸들의 행위는 철이 없어서 그런 것이지 아무런 다른 의도가 없다고 이해시켜도 그는 평안하지 않았다. 그리고 그는 마리카가 자신의 딸들에게 관용적인 것에 대해 몹시 불만스러웠다. 그들은 서로에 대한 오해의 소용돌이에 빠져들고 있었으며 서로를 비난하기 시작했다. 수 주 동안 그들의 이야기는 굉장히 나쁜 상태를 유지했다. 심지어 그들의 결혼 생활에 대해서까지 회의적인 반응을 보이기 시작했다. 나와 이 부부는 객관화 과정을 시작했다. 이름 짓기를 시도하면서 우리는 결국 이름 짓기를 '심한 민감성'(over sensitive)이라고 명명했다.

오 헨론의 두 번째 강조점은 문제는 필히 의인화되어야 하고 모든 부

---

37) O' Hanlon, B. 1994. "The Third Wave". *Networker*. Nov/Dec. 19-29.

정적인 취지와 전술은 문제가 가지고 있는 특성들이라고 간주되어야 한다는 것이다. 이 시점에서 상담가는 은유적 표현이나 이미지를 이용함으로써 이 과정을 원활하게 할 수 있다. 예를 들자면 "얼마나 오랜 기간 동안 '식욕 감퇴' 라는 놈이 당신에게 타격을 가했습니까?", "어떤 방법으로 '알코올 중독' 이란 놈이 당신의 가족을 괴롭혔습니까?" 라고 물어 볼 수 있다.

나는 로렌스와 마리카에게 '심한 민감성' 이라는 것에 동물의 이름을 붙여 보라고 제안했다. 그들의 이름 짓기를 돕기 위해 나는 크리스 버나드의 이야기를 들려주었다. 이야기는 어느 부부에 관한 것이다. 어느 날 그들은 초원 지대로 일을 하러 나갔다. 일을 하던 중에 쉬려고 한 그루의 나무 그늘에 앉았다. 그 둘 중 한 명이 갈라진 나무 틈새로 부러진 줄기에 기대고 앉았다. 그런데 그 틈새로 이상하게 생긴 작은 동물 한 마리가 튀어 나왔다. 그들은 이 신기한 놈을 집으로 데리고 왔다. 그들은 이 동물을 기르기 시작했다. 그 놈은 나중에 이 부부가 사는 집보다도 더 크게 자랐다. 그들은 이 놈이 어떤 종류의 동물인지 알지 못했다. 이 놈은 갈수록 문제가 되었다. 이 놈은 집 주위를 빙빙 돌며 이 부부를 괴롭혔고 부부는 이 놈을 통제하는 것이 그들 삶의 전부가 될 정도였다. 그들의 삶의 한편은 이 놈을 보호하는 것이요, 한편은 이 놈을 통제하는 일로 소비하게 되었다. 로렌스와 마리카는 이 이야기가 무엇을 말하는지를 깨달았다. 그들 역시 자신들의 집에 통제 불가능한 동물 하나가 살고 있다는 것을 느끼기 시작했다. 그들은 마침내 자기 집에 사는 동물을 고슴도치라고 명명했다. 그들에게 '심한 민감성'은 바늘로 온몸을 감싸고 있는 고슴도치와 같은 것이었다. 이 고슴도치는 절대로 작은 놈이 아니었다. 이 놈은 쉽게 길들여질 만한 놈도 아니고 부드럽지 않음은 말할 나위도 없다. 왜냐하면 자신들이 경험한 이 놈은 위험하기 짝이 없고 파괴적이기까지 한 놈이기 때문이다.

오 헨론의 세 번째 강조점은 문제들이 어떻게 자신들을 지배하고, 낙담시키는지가 자신들에 의해 조사되어야 한다는 것이다. 로렌스와 마리카는 자기 집에 사는 고슴도치가 어떤 흉계를 꾸미는지를 자신들의 경험 속에서 끄집어내어 나에게 털어 놓았다. 이 시점에서 중요한 것은 숙명론적인 용어(fatalistic language)를 사용하지 말아야 한다는 것이다. 이러한 용어는 문제가 모든 것의 원인이자 결과라는 등식을 성립시키기 때문이다. 나는 이런 용어들을 사용할 것을 여러분에게 제안하고 싶다. 그 문제가 '영향'을 주는 것은, 그 문제가 당신들을 '초청'하려는 것은, 그 문제가 당신들에게 '속삭'이는 것은, 혹은 그 문제가 당신들을 '확신'시키는 것은 등등이다. 이러한 언어를 사용하는 것은 개인이나 가족이 이야기를 할 때 선택권과 선택의 능력이 있음을 강조하는 것이다.

미셀 화이트는 문제의 영향을 조사하는 과정에서 유용하게 사용할 수 있는 질문을 제시한다. 그는 문제에 의해 영향을 받는 것들에 대한 질문들을 할 것을 제안한다. 이 질문은 두 부분으로 나눌 수 있다. 한 파트는 내담자 자신에게 문제가 어떤 삶의 영향을 미쳤는지, 미치고 있는지를 찾아볼 수 있도록 격려하는 내용으로 짜여져 있는 것이다. 이것을 화이트는 맵핑(mapping)이라고 부른다. 두 번째는 반대로 내담자 자신이 어떻게 문제들에 영향을 미치고 있는지를 주 내용으로 하는 질문들이다. 이러한 질문들은 문제가 장악하고 있는 영역을 확인, 이해하는 데 효과적이다. 문제가 장악하고 있는 영역은 단지 그 문제를 이야기하고 있는 개인만이 아니라 모든 관계들과 사람들이 얽혀 있다.

오 헨론의 네 번째의 강조점은 문제에 의해 장악되지 않았던 경우나 낙담되지 않았던 상황을 다시 회상해 보는 것이다. 사람들이 자신들의 삶을 파괴하려고 달려드는 문제들에 맞서 승리해 본 어떤 경우라도 좋으니 그런 경험을 하나라도 찾아내 보는 것이다. 마리카의 한 경험이 좋은 예일 듯싶다. 하루는 딸이 거짓말을 한 것에 대해 매우 화가 나 있을 때 로렌스가 어떻게 자신을 도와주었고 자신이 그 상황에 대해 어떤 관점을 가져야 하는지를 일러 준 사건이다. 그 상황에서 그들은 딸의 문제를 이야기할 수 있었다는 사실과, 로렌스가 그 상황에서 조용히 입을 다물고 있을 수 있었다는 사실이 그들 집에 사는 고슴도치를 제압할 수 있었던 것이다.

다섯 번째로 내담자와 그의 가족과 함께 서로 협력하려는 상담가는 그의 동무가 문제에 대항할 수 있는 능력과 잠재력에 대한 개인사적, 가족사적인 증거물을 수집해야 한다. 오 헨론은 "이 부분이 나레이티브 부분이다"라고 한다. 나레이티브 상담가는 동무의 과거 안에서 이야기를 찾아내어 그 동무나 그의 가족이 직면한 문제들에 대해 자신들이 더 능력이 있고 강인하다는 것을 보여줘야 한다. 비록 자신들은 그것을 깨닫지 못하고 있었을지라도 말이다.

여섯 번째로 상담가는 내담자의 상상력을 자극해야 한다. 개인이나 가족이 자신감 있게 그리고 용기를 가지고 문제와 대항할 수 있는 사람으로서 자신들의 미래에 대해 사색할 수 있도록 시도해야 한다. 나는 로렌스와 마리카에게 이렇게 물었다. "만약 당신이 계속적으로 집안에 있는 고슴도치에게 대항하게 된다면, 2년 후에 당신의 삶은 어떨 것 같습니까?"

마지막으로 상담 과정 속에서 발전된 새로운 정체성과 새로운 이야기에 대해 박수갈채를 보낼 수 있는 사람을 반드시 찾아야 하고, 혹시 그런 사람이 없다면 새롭게 창조하기라도 해야 한다. 문제라는 것은 사회적 컨텍스트 속에서 자라나는 것이기 때문에, 새로운 정체성과 이야기의 주인공들에게 알맞는 지지를 해 주기 위해서는 사회적인 환경에서 사용 가능한 것들을 내담자 중심으로 재배치해야 한다. 하나의 방법은 이 새로운 이야기를 나누고 도울 수 있는 가족이나 친구가 있는지를 물어 보는 것이다. 그들은 이미 내담자 자신이 문제에 봉착한 삶을 살고 있다는 것을 알고 있던 사람으로 구성되면 더더욱 좋다. 가장 이상적인 것은 새로운 이야기의 주인공들이 자신들이 겪었던 문제들과 그리고 어떻게 새로운 이야기를 만들었는지에 대해 어느 누구에게라도 이야기할 수 있고, 자신들의 이야기를 들어준 사람들이 단지 박수갈채나 보내는 청중으로 남는 것이 아니라 도움이 될 수 있는 그룹을 만드는 것이 가장 바람직하다.

미래의 이야기 상상하기

계시록 1:8, "나는 알파와 오메가라 이제도 있고 전에도 있었고 장차 올 자요 전능한 자라." 하나님의 미래는 시차적인 순서로 되어 있지 않고 미래로부터 오는(coming-from-the-future) 것이다. 다시 말하면 하나님의 미래는 미래 '쪽으로' 움직이는 것이 아니라 미래 '로부터' 현재로 움직이는 것이다.

인생이 어디론가 가고 있는 것, 그리고 이것을 안다는 것은 종교적인 경험에 국한되어 있지 않다. 다른 한편으로, 하나님께서 미래의 어디에선가부터 당신에게 다가오시는 것을 알아차리는 것은 우리 안에 믿음이 있다는 표증이다. 미래의 이야기에 대한 상상을 한다는 것은 현재의 삶에 변화를 가져올 수 있는 강력한 도구다. 사람들은 미래에 대해 상상하는 작업을 통해 '행동의 동기'를 재발견하고 '목적 지향적'이 될 수 있다.

> 우리는 우리를 어디론가 인도하시는 하나님을 예배한다. 하나님의 창조 질서는 열려 있는 미래를 향해 진행해 간다. 그분은 우리를 앞뒤로부터 에워싸신다 (시 139편).

과거에 우리가 경험한 것 그리고 지금 이 순간에 경험하고 있는 것으로부터 우리는 미래의 나의 모습에 대해 상상하고 계획할 수 있다. 미래에 전개될 것을 상상하는 것과 과거의 이야기를 재구성하는 작업을 통해 우리 스스로가 우리 자신을 미래 지향적으로 이끌어 간다. 지금 어떤 일인가 벌어지고 있다는 것은 곧 내가 미래를 향해 실행해 나아가고 있다는 증거이고 그 행위가 표출되고 있는 것이다. 이 속에서 우리는 내일의 인생 여정을 인도할 미래의 이야기를 만들어 가고 있는 것이다. 이렇게 만들어진 이야기가 인생 여정의 지도(map)가 되는 것이다.

여기서 '지도'(map)라는 단어는 은유(metaphor)적인 표현일 뿐이다. 이와 마찬가지로 미래의 이야기에 대한 상상을 위해서는 다른 여러 가지 상징이나 은유적 표현을 사용할 수 있다. 상징이나 이미지들을 통해 전달하고자 하는 이야기들과 상상력을 통해 그려진 이야기들은 서로 다른 것이지만 동기와 목적은 서로 비슷하다. 우리는 상징이나 이미지를 통해 우리의 새로운 삶을 상상해 볼 수 있다.

은유적 표현은 하나의 고정된 의미에 국한되지 않는다. 그러므로 은유의 결과는 예측 불허한 것이다. 만약 당신이 은유법을 사용한다든지 아니면 사용토록 권면되었다면, 당신이 사용한 은유에 대한 이해는 전적으로 당신의 파트너에게 달려 있다. 이때 새로운 해석의 가능성은 열리는 것이다. 은유법을 사용하는 것은 또한 과거의 이야기와 미래의 이야기를 더욱 폭 넓게 볼 수 있도록 한다. 사람들은 대화를 할 때 종종 극단적으로 방어적인 자세를 취할 때가 있다. 그들은 자신들의 긍정적인 면만을 부각시키고 싶어하는 경향이 있다. 이때 은유적 표현은 그들이 좀더 자신들의 이야기를 충실하게 묘사하도록 해 준다. 어떤 면에서는 자신들의 이야기를 함에 있어 마치 자신들의 이야기가 아닌 것처럼 이야기할 수 있게 해 준다. 그 한 예로서 조안나와 밴의 이야기를 소개한다.

조안나는 나에게 자신의 결혼 생활에 대해 말하면서 새장 속에 있는 새와 같은 이미지로 자신의 삶을 묘사했다. 그녀의 결혼 생활과 도시 생활, 그리고 전반적으로 그녀의 환경이 그녀의 자유를 강탈해 가는 것 같은 느낌을 받게 한다는 것이다. 그래서 나는 다음 상담 시간을 위해 그녀에게 새장 속에 갇혀 있는 새의 그림을 한 장 그려 올 것을 부탁했다 (그녀가 미술적 감각이 있음을 알고 있었다). 그러나 그 다음 시간에 그녀는 자신의 남편과 함께 참석했는데 정말로 그림 한 장을 그려 오기는 했지만 생각지 않게 전혀 다른 은유법을 사용했다. 그녀는 서커스단의 한 어릿광대가 자전거를 타고 나선형으로 되어 있는 줄을 타는 묘기를 하고 있는 그림을 그려 왔다. 그녀는 이 그림을 가지고 자신의 양면적인 감정을 설명했다. 그녀는 줄 타는 묘기와 같이 한 곳에 고정되어 나선형으로 된 줄 위에서 위 아래로 왔다갔다 하는 것이다. 매일 똑같이 하는 것이라 힘들지는 않지만 뭔가 위태하고 지루한 모습을 표현하고 있었다.

이 그림 이야기를 듣다가 나는 조안나와 밴에게 이 은유, 즉 줄 타기 묘기에서 밴은 어느 위치에 있는지를 물었다. 그때 조안나가 먼저 말을 가로채서 대답하기를, 밴은 줄 밑에 있는 안전망이라고 했다. 그녀에게 안전망의 의미는 자신의 삶 속에서 유일하게 자신에게 안정을 주는 사람이 밴이라는 것이다. 그녀에 의하면 어릿광대는 안전망 없이는 줄 타기 묘기는커녕 자전거에 올라타지도 못한다는 것이었다. 그러나 밴은 자신의 역할을 다르게 이해하고 있었다. 우리 셋이서 이 안전망에 대해 오랫동안 대화한 후에, 그 둘은 마침내 밴의 역할을 규정했다. 밴은 서커스단의 단장이며 그는 모든 것을 통제하고 어릿광대를 돌보아 주는 사람임과 동시에, 그는 어릿광대가 줄 위에 서 있을 수밖에 없게 만드는 독재자와 같은 사람이었다.

이 은유적 표현이 우리에게 어릿광대와 서커스 단장 간에 서로 무엇을 기대하고 있는지 그리고 무엇을 통해 서로에게 상처를 주지 않으면서 서로의 역할을 잘 감당하도록 도울 수 있는지를 생각케 했다.

조안나와 밴의 사례는 상담적 대화에서 어떻게 상담가가 은유적 표현을 이용하는지를 말해 주고 있으며, 삶 속에서부터 끌어낸 부부의 역할과 기대치에 대한 은유적 표현을 다르게 이끌어 가는지를 말해 주고 있다. 은유적인 방법으로 대화를 함으로써 자신들의 관계를 표현하는 데 있어 좀더 편안하고 쉽게 이야기할 수 있도록 해 준다. 은유적 표현은 또한 '객관화'(externalization)의 한 방법이다. 다른 한편, 이러한 표현 방법은 강력한 '즉각성'(immediacy)의 결과를 가져온다. 은유를 통해 이 전 상담 시간에 우리가 감각하지 못했던 이야기의 핵심에 더 근접할 수 있게 된다. 더욱이 은유법의 사용은 자신들의 관계 개선을 위한 상상적 공간을 제공한다.

트레시(tracy)[38]는 상상의 힘을 다음과 같이 말했다. 상상이란 인간의 경험에 주어진 강력한 한 에너지의 형태다. 리코어(Ricoeur)의 이론 '모사'(mimesis)라는 의미는 창조적으로 다시 묘사(description)하는 과정이다. 또한 일상적으로 표현되는 것을 다시 묘사해 보는 작업으로서의 허구(fiction)에 대한 개념을 바꾸어 놓았다. 그리고 그의 이론은 이전까지 보편화되었던 이미지(image)와 표상(representation)에 대한 개념에 대해 도전을 준다.

현존하는 실체(reality)는 변증법적인 과정을 통해 도전을 받는 것이다. 즉 물체들 간에, 혹은 상황과 현상들이 어우러져 새로운 관계성이 정립되면서 현실에 새로운 도전으로 나타난다. 이러한 새로운 방법들 그리고 새롭게 정립되는 관련성들은 상상이나 은유를 통해 정교하게 성취될 수 있다.[39] 밴과 조안나가 선택한 서커스단의 어릿광대와 단장 간의 은유적 표현을 보면, 그들은 자신들의 은유법을 통해 그들의 현실적 관계성에 고착되지 않고 새로운 관계성을 채택하게 된다.

이야기나 동화에는 이미 연관성, 패턴 그리고 은유들이 자리하고 있다. 새로운 이야기를 상상하는 것으로 인해 새로운 관련성은 발견되고 변화하고자 하는 욕구가 자극된다. 이러한 '상상하기'를 통해 상담이나 치유는 내담자의 비전을 확장하는 도구가 된다. 이제껏 무시되었거

---

[38] Tracy, D. 1981. "The Analogical Imagination". *Christian Theology and the Culture of Pluralism*. New York: Crossroad, 149.
[39] 역자 주: 예를 들자면 비전이란 어디론가 나아가고자 하는 바라는 실체다. 그러나 아직 현실에 존재하지 않는 것으로 현존하는 실체가 아니다. 그러나 상상을 통해 보이는 것과 보이지 않는 실체를 상상으로 연결하고, 상상을 통해 미래의 비전을 현실로 끌어들일 수 있다는 것이다.

나 인식하지 않았던 자신의 삶 속의 요소들(unsaid stories)에서 새로운 연관성들을 찾고 만들어 감으로써 현실에 대한 새로운 환기를 불러일으킨다.

이 작업의 핵심 중의 하나는 과거의 부정적인 면과 미래에 대한 긍정적인 면 사이의 연관성이 반드시 발견되어야 한다는 것이다. 상상이란 망각이라는 이름으로 과거를 끊어 버리는 것이 아니라 도리어 과거를 다시 새로운 시각으로 바라보는 한 방법이다. 새로운 이야기를 만들어 감에 있어 상상과 은유의 사용으로 변증법적으로 모순들의 통전(integration of contradictions)이 이루어질 수 있다.

다름(differences)과 미래에 대한 상상은 본질적으로 믿음(faith)의 문제다. 브루거만(Brueggemann)은 상상에 대해 언급하면서, 고린도전서 7:29-31에 나오는 '… 와 같이 하며' (as if)를 한 예로 들고 있다. 고린도전서 7:29-31, "형제들아 내가 이 말을 하노니 때가 단축하여진고로 이후부터 아내 있는 자들은 없는 자 '같이 하며' 우는 자들은 울지 않는 자 '같이 하며' 기쁜 자들은 기쁘지 않은 자 '같이 하며' 매매하는 자들은 없는 자 '같이 하며' 세상 물건을 쓰는 자들은 다 쓰지 못하는 자 '같이 하라' 이 세상의 형적은 지나감이니라."

이것이 상상이다. 본문에서 사용된 단어 '… 와 같이' (as-if)는 명백하게 사실적인 상황을 말하고 있지 않다. 그러나 이 단어는 꿈(dream), 즉 예수 안에서의 희망을 내포하고 있다. 이 희망은 다른 현실 세계를 만든다.

절망과 어둠이 현재의 삶에 더욱 깊어지면 깊어질수록 희망은 더욱더 우리에게 희망으로 다가옴을 우리는 계시록과 같은 성서의 묵시록을 통해 배운다. 브루스 코크번(Bruce Cockburn)은 1985년에 로스앤젤레

스에서 발생한 인종 분쟁을 목격하며 지은 노래를 통해 무시무시하고 소름끼치는 인종 차별을 고발한다. 이 노래에서 그는 인종 차별 극단주의자들(death squads)과 같은 정치 제도의 해악을 고발하는데 이 제도는 당신을 상처받기 쉬운 존재로 느끼게 하며, 당신은 단지 상처 받기 쉬운 허약한 피부만을 가지고 있다고 표현한다.

만약 치유(therapy)라는 것이 위와 같은 상황에서 희망의 미래를 촉진시키지 않는다면, 치유라는 것은 불가능할 뿐만 아니라 무의미한 것이다. 사람들이 희망을 잃고 있을 때 그들이 꿈을 꿀 수 있도록 하며 미래를 상상할 수 있도록 목회자나 상담가는 도와야 한다. 비록 과거에 희망적인 변화가 없었고 현재의 순간에도 변화가 일어나지 않을지라도, 목회자나 상담가는 사람들이 현실적이고 의미가 있는 미래를 꾸려 갈 수 있도록 하는 방법들을 찾아 나서야 하는 것이 그들의 과업이다. 그 중에 하나는 바로 복음이다. 복음이 이러한 가능성들을 열어 주고 있다.

밴다 부족족의 우화에 나오는 꿀을 따라 나선 소년의 이야기는 복음이 우리 믿음의 식구들의 삶 속에서 어떻게 적용되는지를 이해하는 데 도움이 된다. 우리가 절망 속에 있을지라도 희망이란 동기를 우리에게 부여하고 우리가 전진할 수 있도록 만든다. 우화에 나오는 새가 암시한 앞에 더 좋은 것이라고 한 '꿀'은 아직 정의되지 않은 더 나은 미래를 상징한다. 소년은 동물로 꽉 찬 동물 우리에 희망을 걸지 않았다. 그의 희망은 '꿀'이었다. 우리의 동무들(내담자)이 꿈꾸는 희망보다는 복음의 가르침이라는 명목하에 고정화된 '희망'을 가르치려 하는 것은 우리 목회 상담가의 과제가 아니다. 우리의 소명은 '앞에 더 좋은 것'이 있는 곳으로 향해 전진할 수 있도록 상황들을 추동하는 데 있다. 우리의 과제는 해결책을 제시하거나 가르치는 것이 아니라 사고하고, 이야기하고, 상상할 수 있는 공간과 상황을 창조해 주는 데 있다. 완전한 형태의 미래는 실제적으로 중요한 사항이 아니다. 값싼 희망과 쉽게 해결해 보려는 자세나 전략들은 반드시 단념되어야 한다. 반면에 우리는 미래의 이야기를 만들어 가도록 도울 수 있는 방법들을 늘 찾으려 노력해야 한다. 이와 같은 이야기가 바로 복음이 제시하는 희망에 부합되는 이야기다.